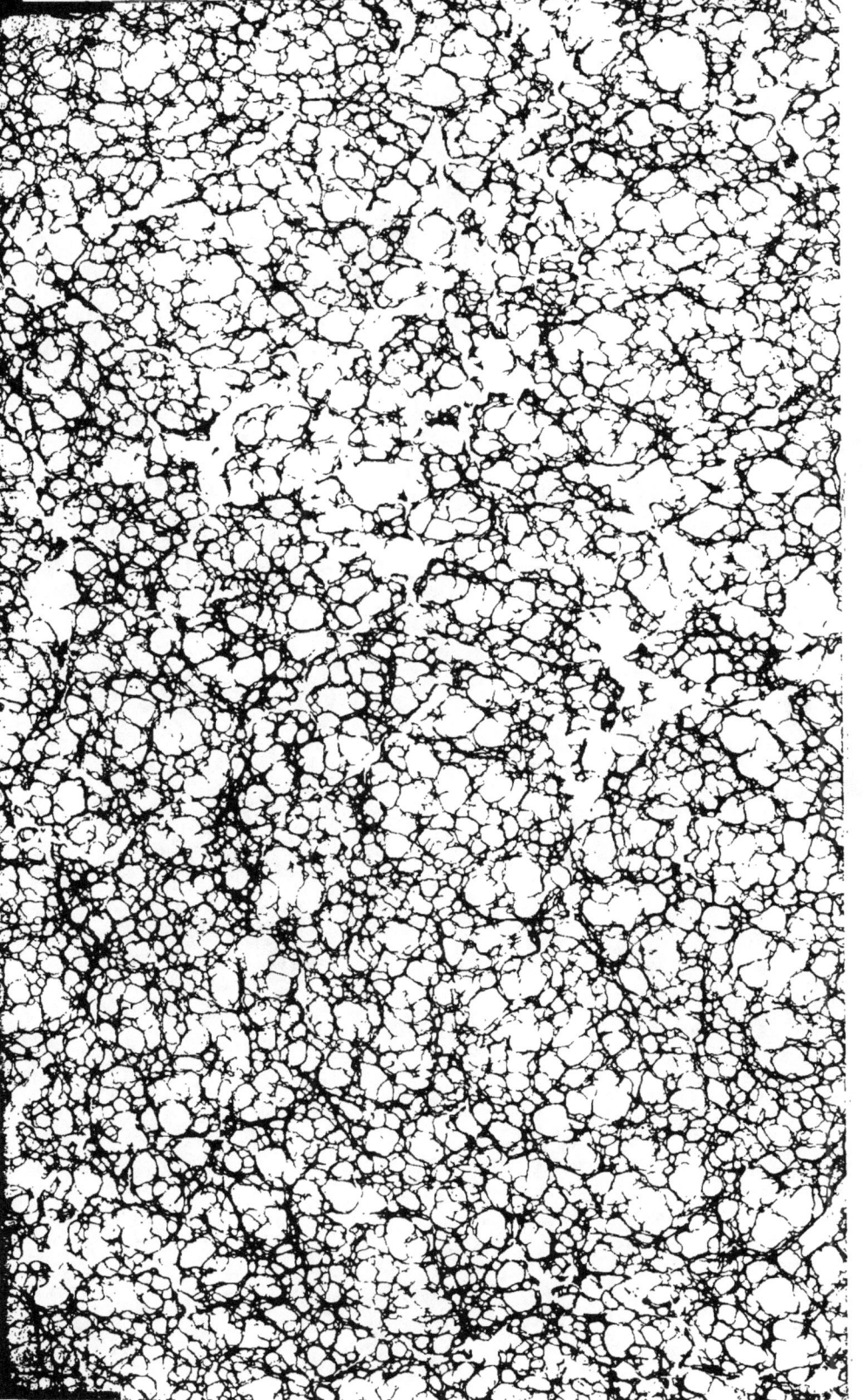

IMPRIMERIE ET FONDERIE D'ÉVERAT,
Rue du Cadran, n. 16.

ŒUVRES COMPLÈTES
DE
VICTOR HUGO.

POÉSIE.

V.

LES CHANTS DU CRÉPUSCULE.

PARIS.
EUGÈNE RENDUEL,
ÉDITEUR-LIBRAIRE,
RUE DES GRANDS-AUGUSTINS, N° 22.
1835.

Les quelques vers placés en tête de ce volume indiquent la pensée qu'il contient. Le *prélude* explique les *chants*.

Tout aujourd'hui, dans les idées comme dans les choses, dans la société comme dans l'individu, est à l'état de crépuscule. De quelle nature est ce crépuscule ? de quoi sera-t-il suivi ? Question immense, la plus haute de toutes celles qui s'agitent confusément dans ce siècle où un point d'interrogation se dresse à la fin de tout. La société attend que ce qui est à l'horizon s'allume tout-à-fait ou s'éteigne complétement. Il n'y a rien de plus à dire.

Quant à ce volume en lui-même, l'auteur n'en dira rien non plus. A quoi bon faire remarquer le fil, à peine visible peut-être, qui lie ce livre aux livres précédents ? C'est toujours la même pensée avec d'autres soucis, la même onde avec d'autres vents, le même front avec d'autres rides, la même vie avec un autre âge.

Il insistera peu sur cela. Il ne laisse même subsister dans ses ouvrages ce qui est personnel que parce que c'est peut-être quelquefois un reflet de ce qui est général. Il ne croit pas que son *individualité,* comme on dit aujourd'hui en assez mauvais style, vaille la peine d'être autrement étudiée. Aussi, quelque idée qu'on veuille bien s'en faire, n'est-elle que très-peu clairement entrevue dans ses livres. L'auteur est fort loin de croire que toutes les parties de celui-ci en particulier puissent jamais être considérées comme matériaux positifs pour l'histoire d'un cœur humain quelconque. Il y a dans ce volume beaucoup de choses rêvées.

Ce qui est peut-être exprimé parfois dans ce recueil, ce qui a été la principale préoccupation de l'auteur en jetant çà et là les vers qu'on va lire, c'est cet étrange état crépusculaire de l'ame et de la société dans le siècle où nous vivons; c'est cette brume au dehors, cette incertitude au dedans; c'est ce je ne sais quoi d'à demi éclairé qui nous environne. De là, dans ce livre, ces cris d'espoir mêlés d'hésitation, ces chants d'amour coupés de plaintes, cette sérénité pénétrée de tristesse, ces abattements qui se réjouissent tout à coup, ces défaillances relevées soudain, cette tranquillité qui souffre, ces troubles intérieurs qui remuent à peine la surface du vers au dehors, ces tumultes politiques contemplés avec calme, ces retours religieux de la place publique à la famille, cette crainte que tout n'aille s'obscurcissant, et par moments cette foi joyeuse et bruyante à l'épanouissement possible de l'humanité. Dans ce livre, bien petit cependant en présence d'objets si grands, il y a tous les contraires, le doute et le dogme, le jour et la nuit, le coin sombre et le point lumineux, comme dans tout ce que nous voyons, comme dans tout ce que nous pensons en ce siècle; comme dans nos théories politiques, comme dans nos opinions religieuses, comme dans notre existence domestique; comme dans l'histoire qu'on nous fait, comme dans la vie que nous nous faisons.

Le dernier mot que doit ajouter ici l'auteur, c'est que dans cette époque livrée à l'attente et à la transition, dans cette époque où la discussion est si acharnée, si tranchée, si absolument arrivée à l'extrême, qu'il n'y a guère aujourd'hui d'écoutés, de compris et d'applaudis que deux mots, le Oui et le Non, il n'est pourtant, lui, ni de ceux qui nient, ni de ceux qui affirment.

Il est de ceux qui espèrent.

25 octobre 1835.

PRÉLUDE.

PRÉLUDE.

De quel nom te nommer, heure trouble où nous sommes ?
Tous les fronts sont baignés de livides sueurs.
Dans les hauteurs du ciel et dans le cœur des hommes
Les ténèbres partout se mêlent aux lueurs.

Croyances, passions, désespoir, espérances,
Rien n'est dans le grand jour et rien n'est dans la nuit;
Et le monde, sur qui flottent les apparences,
Est à demi couvert d'une ombre où tout reluit.

Le bruit que fait cette ombre assourdit la pensée :
Tout s'y mêle, depuis le chant de l'oiseleur
Jusqu'au frémissement de la feuille froissée
Qui cache un nid peut-être ou qui couve une fleur.

Tout s'y mêle! les pas égarés hors des voies
Qui cherchent leur chemin dans les champs spacieux;
Les roseaux verts froissant leurs luisantes courroies;
Les angelus lointains dispersés dans les cieux;

Le lierre tressaillant dans les fentes des voûtes ;
Le vent, funeste au loin au nocher qui périt;

PRÉLUDE.

Les chars embarrassés dans les tournants des routes,
S'accrochant par l'essieu comme nous par l'esprit;

La mendiante en pleurs qui marche exténuée;
Celui qui dit Satan ou qui dit Jéhova;
La clameur des passans bientôt diminuée;
La voix du cœur qui sent, le bruit du pied qui va;

Les ondes que toi seul, ô Dieu, comptes et nommes;
L'air qui fuit; le caillou par le ruisseau lavé;
Et tout ce que, chargés des vains projets des hommes,
Le soc dit au sillon et la roue au pavé;

Et la barque, où dans l'ombre on entend une lyre,
Qui passe, et loin du bord s'abandonne au courant;
Et l'orgue des forêts qui sur les monts soupire,
Et cette voix qui sort des villes en pleurant!

XII   PRÉLUDE.

Et l'homme qui gémit à côté de la chose;
Car dans ce siècle, en proie aux sourires moqueurs,
Toute conviction en peu d'instans dépose
Le doute, lie affreuse, au fond de tous les cœurs!

Et de ces bruits divers, redoutable ou propice,
Sort l'étrange chanson que chante sans flambeau
Cette époque en travail, fossoyeur ou nourrice,
Qui prépare une crèche ou qui creuse un tombeau!

PRÉLUDE.

— L'orient! l'orient! qu'y voyez-vous, poètes?
Tournez vers l'orient vos esprits et vos yeux! —
« Hélas! ont répondu leurs voix long-temps muettes,
Nous voyons bien là-bas un jour mystérieux!

Un jour mystérieux dans le ciel taciturne,
Qui blanchit l'horizon derrière les coteaux,
Pareil au feu lointain d'une forge nocturne
Qu'on voit sans en entendre encore les marteaux!

Mais nous ne savons pas si cette aube lointaine
Vous annonce le jour, le vrai soleil ardent;

Car, survenus dans l'ombre à cette heure incertaine,
Ce qu'on croit l'orient peut-être est l'occident!

C'est peut-être le soir qu'on prend pour une aurore!
Peut-être ce soleil vers qui l'homme est penché,
Ce soleil qu'on appelle à l'horizon qu'il dore,
Ce soleil qu'on espère est un soleil couché! » —

Seigneur! est-ce vraiment l'aube qu'on voit éclore?
Oh! l'anxiété croît de moment en moment.
N'y voit-on déjà plus? n'y voit-on pas encore?
Est-ce la fin, Seigneur, ou le commencement?

PRÉLUDE.

Dans l'âme et sur la terre effrayant crépuscule !
Les yeux pour qui fut fait, dans un autre univers,
Ce soleil inconnu qui vient ou qui recule,
Sont-ils déjà fermés ou pas encore ouverts ?

Ce tumulte confus, où nos esprits s'arrêtent,
Peut-être c'est le bruit, fourmillant en tout lieu,
Des ailes qui partout pour le départ s'apprêtent.
Peut-être en ce moment la terre dit : adieu !

Ce tumulte confus qui frappe notre oreille,
Parfois pur comme un souffle et charmant comme un luth,
Peut-être c'est le bruit d'un Éden qui s'éveille.
Peut-être en ce moment la terre dit : salut !

Là-bas l'arbre frissonne, est-ce allégresse ou plainte ?
Là-bas chante un oiseau, pleure-t-il ? a-t-il ri ?

XVI   PRÉLUDE.

Là-bas l'océan parle, est-ce joie? est-ce crainte?
Là-bas l'homme murmure, est-ce un chant? est-ce un cri?

A si peu de clarté nulle ame n'est sereine.
Triste, assis sur le banc qui s'appuie à son mur,
Le vieux prêtre se courbe, et, n'y voyant qu'à peine,
A ce jour ténébreux épèle un livre obscur.

O prêtre! vainement tu rêves, tu travailles.
L'homme ne comprend plus ce que Dieu révéla ;
Partout des sens douteux hérissent leurs broussailles ;
La menace est ici, mais la promesse est là !

Et qu'importe! bien loin de ce qui doit nous suivre,
Le destin nous emporte, éveillés ou dormant.
Que ce soit pour mourir ou que ce soit pour vivre,
Notre siècle va voir un accomplissement!

PRÉLUDE.

Cet horizon, qu'emplit un bruit vague et sonore,
Doit-il pâlir bientôt? doit-il bientôt rougir?
Esprit de l'homme! attends quelques instans encore.
Ou l'Ombre va descendre, ou l'Astre va surgir!

XVIII PRÉLUDE.

Vers l'Orient douteux tourné comme les autres,
Recueillant tous les bruits formidables et doux,
Les murmures d'en haut qui répondent aux nôtres,
Le soupir de chacun et la rumeur de tous,

Le poète, en ses chants où l'amertume abonde,
Reflétait, écho triste et calme cependant,
Tout ce que l'âme rêve et tout ce que le monde
Chante, bégaie ou dit dans l'ombre en attendant!

20 octobre 1855.

LES CHANTS
DU CRÉPUSCULE.

DICTÉ

APRÈS JUILLET 1830.

I.

DICTÉ APRÈS JUILLET 1830.

I.

Frères! et vous aussi vous avez vos journées!
Vos victoires, de chêne et de fleurs couronnées,
Vos civiques lauriers, vos morts ensevelis,
Vos triomphes, si beaux à l'aube de la vie,
Vos jeunes étendards troués à faire envie
    A de vieux drapeaux d'Austerlitz!

Soyez fiers ; vous avez fait autant que vos pères.
Les droits d'un peuple entier conquis par tant de guerres
Vous les avez tirés tout vivans du linceul.
Juillet vous a donné, pour sauver vos familles,
Trois de ces beaux soleils qui brûlent les bastilles ;
    Vos pères n'en ont eu qu'un seul !

Vous êtes bien leurs fils ! c'est leur sang, c'est leur âme
Qui fait vos bras d'airain et vos regards de flamme.
Ils ont tout commencé : vous avez votre tour.
Votre mère, c'est bien cette France féconde
Qui fait, quand il lui plaît, pour l'exemple du monde,
    Tenir un siècle dans un jour.

L'Angleterre jalouse et la Grèce homérique,
Toute l'Europe admire, et la jeune Amérique
Se lève et bat des mains du bord des océans.

Trois jours vous ont suffi pour briser vos entraves.
Vous êtes les aînés d'une race de braves,
    Vous êtes les fils des géans !

C'est pour vous qu'ils traçaient avec des funérailles
Ce cercle triomphal de plaines de batailles,
Chemin victorieux, prodigieux travail,
Qui de France parti pour enserrer la terre,
En passant par Moscou, Cadix, Rome et le Caire,
    Va de Jemmape à Montmirail !

Vous êtes les enfans des belliqueux lycées !
Là vous applaudissiez nos victoires passées ;
Tous vos jeux s'ombrageaient des plis d'un étendart.
Souvent Napoléon, plein de grandes pensées,
Passant, les bras croisés, dans vos lignes pressées,
    Aimanta vos fronts d'un regard !

Aigle qu'ils devaient suivre! aigle de notre armée
Dont la plume sanglante en cent lieux est semée,
Dont le tonnerre un soir s'éteignit dans les flots,
Toi, qui les as couvés dans l'aire paternelle,
Regarde, et sois joyeuse, et crie, et bats de l'aile,
    Mère, tes aiglons sont éclos!

II.

  Quand notre ville épouvantée,
  Surprise un matin et sans voix,
  S'éveilla toute garrottée
  Sous un réseau d'iniques lois,
  Chacun de vous dit en son âme :
  « C'est une trahison infâme!
  » Les peuples ont leur lendemain.
  » Pour rendre leur route douteuse

» Suffit-il qu'une main honteuse
» Change l'écriteau du chemin ?

» La parole éclate et foudroie
» Tous les obstacles imprudens ;
» Vérité, tu sais comme on broie
» Tous les bâillons entre ses dents ;
» Un roi peut te fermer son Louvre ;
» Ta flamme importune, on la couvre,
» On la fait éteindre aux valets ;
» Mais elle brûle qui la touche !
» Mais on ne ferme pas ta bouche
» Comme la porte d'un palais !

» Quoi ! ce que le temps nous amène,
» Quoi ! ce que nos pères ont fait,
» Ce travail de la race humaine,
» Ils nous prendraient tout en effet !

» Quoi! les lois, les chartes, chimère!
» Comme un édifice éphémère
» Nous verrions, en un jour d'été,
» Crouler sous leurs mains acharnées
» Ton œuvre de quarante années,
» Laborieuse Liberté!

» C'est donc pour eux que les épées
» Ont relui du nord au midi!
» Pour eux que les têtes coupées
» Sur les pavés ont rebondi!
» C'est pour ces tyrans satellites
» Que nos pères, braves élites,
» Ont dépassé Grecs et Romains!
» Que tant de villes sont désertes!
» Que tant de plaines, jadis vertes,
» Sont blanches d'ossemens humains!

» Les insensés qui font ce rêve
» N'ont-ils donc pas des yeux pour voir,
» Depuis que leur pouvoir s'élève,
» Comme notre horizon est noir?
» N'ont-ils pas vu dans leur folie
» Que déjà la coupe est remplie,
» Qu'on les suit des yeux en rêvant,
» Qu'un foudre lointain nous éclaire,
» Et que le lion populaire
» Regarde ses ongles souvent? »

III.

Alors tout se leva. — L'homme, l'enfant, la femme,
Quiconque avait un bras, quiconque avait une âme,
Tout vint, tout accourut. Et la ville à grand bruit
Sur les lourds bataillons se rua jour et nuit.

En vain boulets, obus, la balle et les mitrailles,
De la vieille cité déchiraient les entrailles ;
Pavés et pans de murs croulant sous mille efforts,
Aux portes des maisons amoncelaient les morts ;
Les bouches des canons trouaient au loin la foule ;
Elle se refermait comme une mer qui roule,
Et de son râle affreux ameutant les faubourgs,
Le tocsin haletant bondissait dans les tours !

IV.

Trois jours, trois nuits, dans la fournaise
Tout ce peuple en feu bouillonna,
Crevant l'écharpe béarnaise
Du fer de lance d'Iéna.
En vain dix légions nouvelles
Vinrent s'abattre à grand bruit d'ailes

Dans le formidable foyer ;
Chevaux, fantassins et cohortes
Fondaient comme des branches mortes
Qui se tordent dans le brasier.

Comment donc as-tu fait pour calmer ta colère,
Souveraine cité qui vainquis en trois jours?
Comment donc as-tu fait, ô fleuve populaire,
Pour rentrer dans ton lit et reprendre ton cours?
O terre qui tremblais, ô tempête, ô tourmente,
Vengeance de la foule au sourire effrayant,
Comment donc as-tu fait pour être intelligente
    Et pour choisir en foudroyant?

    C'est qu'il est plus d'un cœur stoïque
    Parmi vous, fils de la cité;
    C'est qu'une jeunesse héroïque
    Combattait à votre côté.

Désormais, dans toute fortune,
Vous avez une âme commune
Qui dans tous vos exploits a lui.
Honneur au grand jour qui s'écoule !
Hier vous n'étiez qu'une foule ;
Vous êtes un peuple aujourd'hui.

Ces mornes conseillers de parjure et d'audace,
Voilà donc à quel peuple ils se sont attaqués !
Fléaux qu'aux derniers rois d'une fatale race
Toujours la Providence envoie aux jours marqués !
Malheureux qui croyaient, dans leur erreur profonde,
(Car Dieu les voulait perdre, et Dieu les aveuglait),
Qu'on prenait un matin la liberté d'un monde
Comme un oiseau dans un filet !

N'effacez rien. — Le coup d'épée
Embellit le front du soldat.

Laissons à la ville frappée
Les cicatrices du combat.
Adoptons héros et victimes.
Emplissons de ces morts sublimes
Les sépulcres du Panthéon.
Que nul souvenir ne nous pèse :
Rendons sa tombe à Louis Seize,
Sa colonne à Napoléon !

V.

Oh ! laissez-moi pleurer sur cette race morte
Que rapporta l'exil et que l'exil remporte,
Vent fatal qui trois fois déjà les enleva !
Reconduisons au moins ces vieux rois de nos pères.
Rends, drapeau de Fleurus, les honneurs militaires
    A l'oriflamme qui s'en va !

Je ne leur dirai point de mot qui les déchire.
Qu'ils ne se plaignent pas des adieux de la lyre !
Pas d'outrage au vieillard qui s'exile à pas lents !
C'est une piété d'épargner les ruines.
Je n'enfoncerai pas la couronne d'épines
Que la main du malheur met sur des cheveux blancs !

D'ailleurs, infortunés ! ma voix achève à peine
L'hymne de leurs douleurs dont s'allonge la chaîne.
L'exil et les tombeaux dans mes chants sont bénis ;
Et tandis que d'un règne on salûra l'aurore,
Ma poésie en deuil ira long-temps encore
  De Sainte-Hélène à Saint-Denis !

Mais que la leçon reste, éternelle et fatale,
A ces nains, étrangers sur la terre natale,
Qui font régner les rois pour leurs ambitions ;

Et, pétrifiant tout sous leur groupe immobile,
Tourmentent accroupis, de leur souffle débile
La cendre rouge encor des révolutions!

VI.

Oh! l'avenir est magnifique!
Jeunes Français, jeunes amis,
Un siècle pur et pacifique
S'ouvre à vos pas mieux affermis.
Chaque jour aura sa conquête.
Depuis la base jusqu'au faîte,
Nous verrons avec majesté,
Comme une mer sur ses rivages,
Monter d'étages en étages
L'irrésistible liberté!

Vos pères, hauts de cent coudées,
Ont été forts et généreux.
Les nations intimidées
Se faisaient adopter par eux.
Ils ont fait une telle guerre
Que tous les peuples de la terre
De la France prenaient le nom,
Quittaient leur passé qui s'écroule,
Et venaient s'abriter en foule
A l'ombre de Napoléon !

Vous n'avez pas l'âme embrasée
D'une moins haute ambition.
Faites libre toute pensée
Et reine toute nation ;
Montrez la liberté dans l'ombre
A ceux qui sont dans la nuit sombre ;
Allez, éclairez le chemin,
Guidez notre marche unanime,

Et faites, vers le but sublime,
Doubler le pas au genre humain !

Que l'esprit, dans sa fantaisie,
Suive d'un vol plus détaché
Ou les arts, ou la poésie,
Ou la science au front penché !
Qu'ouvert à quiconque l'implore
Le trône ait un écho sonore
Qui, pour rendre le roi meilleur,
Grossisse et répète sans cesse
Tous les conseils de la sagesse,
Toutes les plaintes du malheur !

Revenez prier sur les tombes,
Prêtres ! Que craignez-vous encor ?
Qu'allez-vous faire aux catacombes
Tous reluisans de pourpre et d'or ?

Venez! mais plus de mitre ardente,
Plus de vaine pompe imprudente,
Plus de trône dans le saint lieu!
Rien que l'aumône et la prière!
La croix de bois, l'autel de pierre
Suffit aux hommes comme à Dieu!

VII.

Et désormais, chargés du seul fardeau des âmes,
Pauvres comme le peuple, humbles comme les femmes,
Ne redoutez plus rien. Votre église est le port!
Quand long-temps a grondé la bouche du Vésuve,
Quand sa lave écumant comme un vin dans la cuve,
    Apparaît toute rouge au bord,

Naples s'émeut; pleurante, effarée et lascive,
Elle accourt, elle étreint la terre convulsive;
Elle demande grâce au volcan courroucé;
Point de grâce! Un long jet de cendre et de fumée
Grandit incessamment sur la cime enflammée
Comme un cou de vautour hors de l'aire dressé.

Soudain un éclair luit! hors du cratère immense
La sombre éruption bondit comme en démence.
Adieu le fronton grec et le temple toscan!
La flamme des vaisseaux empourpre la voilure,
La lave se répand comme une chevelure
      Sur les épaules du volcan.

Elle vient, elle vient, cette lave profonde
Qui féconde les champs et fait des ports dans l'onde!
Plages, mer, archipels, tout tressaille à la fois.
Ses flots roulent, vermeils, fumans, inexorables,

Et Naple et ses palais tremblent plus misérables
Qu'au souffle de l'orage une feuille des bois !

Chaos prodigieux ! la cendre emplit les rues,
La terre revomit des maisons disparues,
Chaque toit éperdu se heurte au toit voisin,
La mer bout dans le golfe et la plaine s'embrase,
Et les clochers géans, chancelant sur leur base,
      Sonnent d'eux-mêmes le tocsin !

Mais — c'est Dieu qui le veut — tout en brisant des villes,
En comblant les vallons, en effaçant les îles,
En charriant les tours sur son flot en courroux,
Tout en bouleversant les ondes et la terre,
Toujours Vésuve épargne en son propre cratère
L'humble ermitage où prie un vieux prêtre à genoux !

      10 août 1830.

A LA COLONNE.

II.

CHAMBRE DES DÉPUTÉS.

Séance du 7 octobre 1830.

Plusieurs pétitionnaires demandent que la Chambre intervienne pour faire transporter les cendres de Napoléon sous la colonne de la place Vendôme.

Après une courte délibération, la Chambre passe à l'ordre du jour.

A LA COLONNE.

I.

Oh! quand il bâtissait, de sa main colossale,
Pour son trône, appuyé sur l'Europe vassale,
  Ce pilier souverain,
Ce bronze, devant qui tout n'est que poudre et sable,
Sublime monument, deux fois impérissable,
  Fait de gloire et d'airain;

Quand il le bâtissait, pour qu'un jour dans la ville
Ou la guerre étrangère ou la guerre civile
   Y brisassent leur char,
Et pour qu'il fît pâlir sur nos places publiques
Les frêles héritiers de vos noms magnifiques,
   Alexandre et César!

C'était un beau spectacle! — Il parcourait la terre
Avec ses vétérans, nation militaire
   Dont il savait les noms;
Les rois fuyaient; les rois n'étaient point de sa taille;
Et vainqueur, il allait par les champs de bataille
   Glanant tous leurs canons.

Et puis, il revenait avec la grande armée,
Encombrant de butin sa France bien-aimée,
   Son Louvre de granit,

Et les Parisiens poussaient des cris de joie,
Comme font les aiglons, alors qu'avec sa proie
    L'aigle rentre à son nid !

Et lui, poussant du pied tout ce métal sonore,
Il courait à la cuve où bouillonnait encore
    Le monument promis.
Le moule en était fait d'une de ses pensées.
Dans la fournaise ardente il jetait à brassées
    Les canons ennemis !

Puis il s'en revenait gagner quelque bataille.
Il dépouillait encore à travers la mitraille
    Maints affûts dispersés ;
Et, rapportant ce bronze à la Rome française,
Il disait aux fondeurs penchés sur la fournaise :
    — En avez-vous assez ?

C'était son œuvre à lui! — Les feux du polygone,
Et la bombe, et le sabre, et l'or de la dragonne
  Furent ses premiers jeux.
Général, pour hochets il prit les Pyramides;
Empereur, il voulut, dans ses vœux moins timides,
  Quelque chose de mieux.

Il fit cette colonne! — Avec sa main romaine
Il tordit et mêla dans l'œuvre surhumaine
  Tout un siècle fameux,
Les Alpes se courbant sous sa marche tonnante,
Le Nil, le Rhin, le Tibre, Austerlitz rayonnante,
  Eylau froid et brumeux!

Car c'est lui qui, pareil à l'antique Encelade,
Du trône universel essaya l'escalade,
  Qui vingt ans entassa,

Remuant terre et cieux avec une parole,
Wagram sur Marengo, Champaubert sur Arcole,
    Pélion sur Ossa !

Oh ! quand par un beau jour, sur la place Vendôme,
Homme dont tout un peuple adorait le fantôme,
    Tu vins grave et serein,
Et que tu découvris ton œuvre magnifique,
Tranquille, et contenant d'un geste pacifique
    Tes quatre aigles d'airain ;

A cette heure où les tiens t'entouraient par cent mille ;
Où, comme se pressaient autour de Paul-Émile
    Tous les petits Romains,
Nous, enfans de six ans, rangés sur ton passage,
Cherchant dans ton cortége un père au fier visage,
    Nous te battions des mains ;

LES CHANTS

Oh! qui t'eût dit alors, à ce faîte sublime,
Tandis que tu rêvais sur le trophée opime
    Un avenir si beau,
Qu'un jour à cet affront il te faudrait descendre
Que trois cents avocats oseraient à ta cendre
    Chicaner ce tombeau!

II.

Attendez donc, jeunesse folle,
Nous n'avons pas le temps encor!
Que vient-on nous parler d'Arcole,
Et de Wagram et du Thabor?
Pour avoir commandé peut-être
Quelque armée, et s'être fait maître
De quelque ville dans son temps,
Croyez-vous que l'Europe tombe

S'il n'ameute autour de sa tombe
Les Démosthènes haletans?

D'ailleurs le ciel n'est pas tranquille;
Les soucis ne leur manquent pas;
L'inégal pavé de la ville
Fait encor trébucher leurs pas.
Et pourquoi ces honneurs suprêmes?
Ont-ils des monumens eux-mêmes?
Quel temple leur a-t-on dressé?
Étrange peuple que nous sommes!
Laissez passer tous ces grands hommes!
Napoléon est bien pressé!

Toute crainte est-elle étouffée?
Nous songerons à l'immortel
Quand ils auront tous leur trophée,

Quand ils auront tous leur autel!
Attendons, attendons, mes frères.
Attendez, restes funéraires,
Dépouille de Napoléon,
Que leur courage se rassure
Et qu'ils aient donné leur mesure
Au fossoyeur du Panthéon!

III.

Ainsi, — cent villes assiégées;
Memphis, Milan, Cadix, Berlin;
Soixante batailles rangées;
L'univers d'un seul homme plein;
N'avoir rien laissé dans le monde,
Dans la tombe la plus profonde,

Qu'il n'ait dompté, qu'il n'ait atteint ;
Avoir, dans sa course guerrière,
Ravi le Kremlin au czar Pierre,
L'Escurial à Charles-Quint ;

Ainsi, — ce souvenir qui pèse
Sur nos ennemis effarés ;
Ainsi, dans une cage anglaise
Tant de pleurs amers dévorés ;
Cette incomparable fortune,
Cette gloire aux rois importune,
Ce nom si grand, si vite acquis,
Sceptre unique, exil solitaire,
Ne valent pas six pieds de terre
Sous les canons qu'il a conquis !

IV.

Encor si c'était crainte austère!
Si c'était l'âpre liberté
Qui d'une cendre militaire
N'ose ensemencer la cité! —
Si c'était la vierge stoïque
Qui proscrit un nom héroïque
Fait pour régner et conquérir,
Qui se rappelle Sparte et Rome,
Et craint que l'ombre d'un grand homme
N'empêche son fruit de mûrir! —

Mais non; la liberté sait aujourd'hui sa force.
Un trône est sous sa main comme un gui sur l'écorce,

Quand les races de rois manquent au droit juré.
Nous avons parmi nous vu passer, ô merveille!
    La plus nouvelle et la plus vieille !
Ce siècle, avant trente ans, avait tout dévoré.

    La France, guerrière et paisible,
    A deux filles du même sang : —
    L'une fait l'armée invincible,
    L'autre fait le peuple puissant.
    La Gloire, qui n'est pas l'aînée,
    N'est plus armée et couronnée ;
    Ni pavois, ni sceptre oppresseur;
    La Gloire n'est plus décevante,
    Et n'a plus rien dont s'épouvante
    La Liberté, sa grande sœur!

V.

Non, s'ils ont repoussé la relique immortelle,
C'est qu'ils en sont jaloux! qu'ils tremblent devant elle!
    Qu'ils en sont tout pâlis!
C'est qu'ils ont peur d'avoir l'empereur sur leur tête,
Et de voir s'éclipser leurs lampions de fête
    Au soleil d'Austerlitz!

Pourtant, c'eût été beau! — lorsque, sous la colonne,
On eût senti présens dans notre Babylone
    Ces ossemens vainqueurs,
Qui pourrait dire, au jour d'une guerre civile,
Ce qu'une si grande ombre, hôtesse de la ville,
    Eût mis dans tous les cœurs!

Si jamais l'étranger, ô cité souveraine,
Eût ramené brouter les chevaux de l'Ukraine
    Sur ton sol bien-aimé,
Enfantant des soldats dans ton enceinte émue,
Sans doute qu'à travers ton pavé qui remue
    Ces os eussent germé!

Et toi, colonne! un jour, descendu sous ta base
Le pélerin pensif contemplant en extase
    Ce débris surhumain,
Serait venu peser, à genoux sur la pierre,
Ce qu'un Napoléon peut laisser de poussière
    Dans le creux de la main!

O merveille! ô néant! — tenir cette dépouille!
Compter et mesurer ces os que de sa rouille
    Rongea le flot marin;

Ce genou qui jamais n'a ployé sous la crainte,
Ce pouce de géant dont tu portes l'empreinte
    Partout sur ton airain !

Contempler le bras fort, la poitrine féconde,
Le talon qui, douze ans, éperonna le monde,
    Et, d'un œil filial,
L'orbite du regard qui fascinait la foule,
Ce front prodigieux, ce crâne fait au moule
    Du globe impérial ! —

Et croire entendre, en haut, dans tes noires entrailles,
Sortir du cliquetis des confuses batailles,
    Des bouches du canon,
Des chevaux hennissans, des villes crénelées,
Des clairons, des tambours, du souffle des mêlées,
    Ce bruit : Napoléon !

Rhéteurs embarrassés dans votre toge neuve,
Vous n'avez pas voulu consoler cette veuve
    Vénérable aux partis !
Tout en vous partageant l'empire d'Alexandre,
Vous avez peur d'une ombre et peur d'un peu de cendre :
    Oh ! vous êtes petits !

VI.

Hélas ! hélas ! garde ta tombe !
Garde ton rocher écumant,
Où t'abattant comme la bombe
Tu vins tomber, tiède et fumant !
Garde ton âpre Sainte-Hélène
Où de ta fortune hautaine
L'œil ébloui voit le revers ;
Garde l'ombre où tu te recueilles,

Ton saule sacré dont les feuilles
S'éparpillent dans l'univers !

Là, du moins, tu dors sans outrage.
Souvent tu t'y sens réveillé
Par les pleurs d'amour et de rage
D'un soldat rouge agenouillé !
Là, si parfois tu te relèves,
Tu peux voir, du haut de ces grèves,
Sur le globe azuré des eaux,
Courir vers ton roc solitaire,
Comme au vrai centre de la terre,
Toutes les voiles des vaisseaux !

VII.

Dors, nous t'irons chercher ! ce jour viendra peut-être !
Car nous t'avons pour dieu sans t'avoir eu pour maître !

Car notre œil s'est mouillé de ton destin fatal,
Et, sous les trois couleurs comme sous l'oriflamme,
Nous ne nous pendons pas à cette corde infâme
    Qui t'arrache à ton piédestal!

Oh! va, nous te ferons de belles funérailles!
Nous aurons bien aussi peut-être nos batailles;
Nous en ombragerons ton cercueil respecté!
Nous y convîrons tout, Europe, Afrique, Asie!
Et nous t'amènerons la jeune poésie
    Chantant la jeune liberté!

Tu seras bien chez nous! — couché sous ta colonne,
Dans ce puissant Paris qui fermente et bouillonne,
Sous ce ciel, tant de fois d'orages obscurci,
Sous ces pavés vivans qui grondent et s'amassent,
Où roulent les canons, où les légions passent : —
    Le peuple est une mer aussi.

S'il ne garde aux tyrans qu'abîme et que tonnerre,
Il a pour le tombeau, profond et centenaire,
(La seule majesté dont il soit courtisan)
Un long gémissement, infini, doux et sombre,
Qui ne laissera pas regretter à ton ombre
      Le murmure de l'Océan !

            9 octobre 1830.

HYMNE.

III.

HYMNE.

Ceux qui pieusement sont morts pour la patrie
Ont droit qu'à leur cercueil la foule vienne et prie.
Entre les plus beaux noms leur nom est le plus beau.
Toute gloire près d'eux passe et tombe éphémère;
  Et, comme ferait une mère,
La voix d'un peuple entier les berce en leur tombeau!

Gloire à notre France éternelle!
Gloire à ceux qui sont morts pour elle!
Aux martyrs! aux vaillans! aux forts!
A ceux qu'enflamme leur exemple,
Qui veulent place dans le temple,
Et qui mourront comme ils sont morts!

C'est pour ces morts, dont l'ombre est ici bien venue,
Que le haut Panthéon élève dans la nue,
Au-dessus de Paris, la ville aux mille tours,
La reine de nos Tyrs et de nos Babylones,
Cette couronne de colonnes
Que le soleil levant redore tous les jours!

Gloire à notre France éternelle!
Gloire à ceux qui sont morts pour elle!
Aux martyrs! aux vaillans! aux forts!
A ceux qu'enflamme leur exemple,

Qui veulent place dans le temple,
Et qui mourront comme ils sont morts !

Ainsi, quand de tels morts sont couchés dans la tombe,
En vain l'oubli, nuit sombre où va tout ce qui tombe,
Passe sur leur sépulcre où nous nous inclinons ;
Chaque jour, pour eux seuls se levant plus fidèle,
La gloire, aube toujours nouvelle,
Fait luire leur mémoire et redore leurs noms !

Gloire à notre France éternelle !
Gloire à ceux qui sont morts pour elle !
Aux martyrs ! aux vaillans ! aux forts !
A ceux qu'enflamme leur exemple,
Qui veulent place dans le temple,
Et qui mourront comme ils sont morts !

Juillet 1831.

NOCES ET FESTINS.

IV.

NOCES ET FESTINS.

La salle est magnifique et la table est immense.
Toujours par quelque bout le banquet recommence,
Un magique banquet, sans cesse amoncelé
Dans l'or et le cristal et l'argent ciselé.
A cette table auguste, où siégent peu de sages,
Tous les sexes ont place ainsi que tous les âges.

Guerrier de quarante ans au profil sérieux,
Jeune homme au blond duvet, jeune fille aux doux yeux,
Enfant qui balbutie et vieillard qui bégaie,
Tous mangent, tous ont faim, et leur faim les égaie,
Et les plus acharnés sont, autour des plats d'or,
Ceux qui n'ont plus de dents ou n'en ont pas encor !

Casques, cimiers, fleurons, bannières triomphales,
Les lions couronnés, les vautours bicéphales,
Les étoiles d'argent sur le sinople obscur,
L'abeille dans la pourpre et le lis dans l'azur,
Les chaînes, les chevrons, les lambels, les losanges,
Tout ce que le blason a de formes étranges,
De léopards ailés, d'aigles et de griffons,
Tourbillonne autour d'eux, se crampone aux plafonds,
Se tord dans l'arabesque entre leurs pieds jetée,
Plonge un bec familier dans leur coupe sculptée,
Et suspend aux lambris maint drapeau rayonnant,
Qui des poutres du toit jusqu'à leurs front traînant,

Les effleure du bout de sa frange superbe,
Comme un oiseau dont l'aile en passant touche l'herbe!

Et comme à ce banquet tout résonne ou reluit,
On y croit voir jouter la lumière et le bruit.

La salle envoie au ciel une rumeur de fête.
Les convives ont tous une couronne en tête,
Tous un trône sous eux où leur orgueil s'assied,
Tous un sceptre à la main, tous une chaîne au pied ;
Car il en est plus d'un qui voudrait fuir peut-être,
Et l'esclave le mieux attaché c'est le maître!

Le pouvoir enivrant qui change l'homme en dieu ;
L'amour, miel et poison, l'amour philtre de feu,
Fait du souffle mêlé de l'homme et de la femme,
Des frissons de la chair et des rêves de l'ame ;

Le plaisir, fils des nuits, dont l'œil brûlant d'espoir
Languit vers le matin et se rallume au soir;
Les meutes, les piqueurs, les chasses effrénées
Tout le jour par les champs au son du cor menées;
La soie et l'or; les lits de cèdre et de vermeil,
Faits pour la volupté plus que pour le sommeil,
Où, quand votre maîtresse en vos bras est venue,
Sur une peau de tigre on peut la coucher nue;
Les palais effrontés, les palais imprudens
Qui, du pauvre enviés, lui font grincer des dents;
Les parcs majestueux, pleins d'horizons bleuâtres,
Où l'œil sous le feuillage entrevoit des albâtres,
Où le grand peuplier tremble auprès du bouleau,
Où l'on entend la nuit des musiques sur l'eau;
La pudeur des beautés facilement vaincue,
La justice du juge à prix d'or convaincue;
La terreur des petits, le respect des passans,
Cet assaisonnement du bonheur des puissans;
La guerre; le canon tout gorgé de mitrailles
Qui passe son long cou par-dessus les murailles;

DU CRÉPUSCULE.

Le régiment marcheur, polype aux mille pieds;
La grande capitale aux bruits multipliés;
Tout ce qui jette au ciel, soit ville, soit armée,
Des vagues de poussière et des flots de fumée;
Le budget, monstre énorme, admirable poisson
A qui de toutes parts on jette l'hameçon,
Et qui, laissant à flots l'or couler de ses plaies,
Traîne un ventre splendide, écaillé de monnaies;
Tels sont les mets divins que sur des plats dorés
Leur servent à la fois cent valets affairés,
Et que dans son fourneau, laboratoire sombre,
Souterrain qui flamboie au-dessous d'eux dans l'ombre,
Prépare nuit et jour pour le royal festin
Ce morose alchimiste, appelé le Destin!

Le sombre amphitryon ne veut pas de plats vides,
Et la profusion lasse les plus avides;
Et pour choisir parmi tant de mets savoureux,
Pour les bien conseiller, sans cesse derrière eux,

Ils ont leur conscience ou ce qu'ainsi l'on nomme,
Compagnon clairvoyant, guide sûr de tout homme,
A qui, par imprudence et dès les premiers jeux,
Les nourrices des rois crèvent toujours les yeux.

Oh ! ce sont là les grands et les heureux du monde !
O vie intarissable où le bonheur abonde !
O magnifique orgie ! ô superbe appareil !
Comme on s'enivre bien dans un festin pareil !
Comme il doit, à travers ces splendeurs éclatantes,
Vous passer dans l'esprit mille images flottantes !
Que les rires, les voix, les lampes et le vin
Vous doivent faire en l'âme un tourbillon divin !
Et que l'œil ébloui doit errer avec joie
De tout ce qui ruisselle à tout ce qui flamboie !

Mais tout à coup, tandis que l'échanson rieur
Leur verse à tous l'oubli du monde extérieur ;

A l'heure où table, et salle, et valets, et convives,
Et flambeaux couronnés d'auréoles plus vives,
Et l'orchestre caché qui chante jour et nuit
Épanchent plus de joie, et de flamme, et de bruit,
Hélas! à cet instant d'ivresse et de délire,
Où le banquet hautain semble éclater de rire,
Narguant le peuple assis à la porte en haillons,
Quelqu'un frappe soudain l'escalier des talons,
Quelqu'un survient, quelqu'un en bas se fait entendre,
Quelqu'un d'inattendu qu'on devrait bien attendre!

Ne fermez pas la porte. Il faut ouvrir d'abord,
Il faut qu'on laisse entrer! Et tantôt c'est la mort,
Tantôt l'exil qui vient, la bouche haletante,
L'une avec un tombeau, l'autre avec une tente,
La mort au pied pesant, l'exil au pas léger;
Spectre toujours vêtu d'un habit étranger!

Le spectre est effrayant. Il entre dans la salle,
Jette sur tous les fronts son ombre colossale,
Courbe chaque convive ainsi qu'un arbre au vent,
Puis il en choisit un, le plus ivre souvent,
L'arrache du milieu de la table effrayée,
Et l'emporte, la bouche encor mal essuyée!

Août 1832.

NAPOLÉON II.

V.

NAPOLÉON II.

I.

Mil huit cent onze! — O temps, où des peuples sans nombre
Attendaient prosternés sous un nuage sombre
    Que le Ciel eût dit oui!
Sentaient trembler sous eux les états centenaires,
Et regardaient le Louvre entouré de tonnerres,
    Comme un Mont-Sinaï!

Courbés comme un cheval qui sent venir son maître,
Ils se disaient entre eux : — Quelqu'un de grand va naître !
L'immense empire attend un héritier demain.
Qu'est-ce que le Seigneur va donner à cet homme
Qui, plus grand que César, plus grand même que Rome,
Absorbe dans son sort le sort du genre humain ? —

Comme ils parlaient, la nue éclatante et profonde
S'entr'ouvrit, et l'on vit se dresser sur le monde
    L'homme prédestiné,
Et les peuples béans ne purent que se taire,
Car ses deux bras levés présentaient à la terre
    Un enfant nouveau-né !

Au souffle de l'enfant, dôme des Invalides,
Les drapeaux prisonniers sous tes voûtes splendides
Frémirent, comme au vent frémissent les épis ;

Et son cri, ce doux cri qu'une nourrice apaise,
Fit, nous l'avons tous vu, bondir et hurler d'aise
  Les canons monstrueux à ta porte accroupis!

Et Lui! l'orgueil gonflait sa puissante narine;
Ses deux bras, jusqu'alors croisés sur sa poitrine,
  S'étaient enfin ouverts!
Et l'enfant, soutenu dans sa main paternelle,
Inondé des éclairs de sa fauve prunelle,
  Rayonnait au travers!

Quand il eut bien fait voir l'héritier de ses trônes
Aux vieilles nations comme aux vieilles couronnes,
Éperdu, l'œil fixé sur quiconque était roi,
Comme un aigle arrivé sur une haute cime,
Il cria tout joyeux avec un air sublime :
— L'avenir! l'avenir! l'avenir est à moi!

II.

Non, l'avenir n'est à personne !
Sire ! l'avenir est à Dieu !
A chaque fois que l'heure sonne,
Tout ici-bas nous dit adieu.
L'avenir ! l'avenir ! mystère !
Toutes les choses de la terre,
Gloire, fortune militaire,
Couronne éclatante des rois,
Victoire aux ailes embrasées,
Ambitions réalisées,
Ne sont jamais sur nous posées
Que comme l'oiseau sur nos toits !

DU CRÉPUSCULE.

Non, si puissant qu'on soit, non, qu'on rie ou qu'on pleure,
Nul ne te fait parler, nul ne peut avant l'heure
      Ouvrir ta froide main,
O fantôme muet, ô notre ombre, ô notre hôte,
Spectre toujours masqué qui nous suis côte à côte,
      Et qu'on nomme demain!

    Oh! demain, c'est la grande chose!
    De quoi demain sera-t-il fait?
    L'homme aujourd'hui sème la cause,
    Demain Dieu fait mûrir l'effet.
    Demain, c'est l'éclair dans la voile,
    C'est le nuage sur l'étoile,
    C'est un traître qui se dévoile,
    C'est le bélier qui bat les tours,
    C'est l'astre qui change de zone,
    C'est Paris qui suit Babylone;
    Demain, c'est le sapin du trône,
    Aujourd'hui, c'en est le velours!

Demain, c'est le cheval qui s'abat blanc d'écume.
Demain, ô conquérant, c'est Moscou qui s'allume,
    La nuit, comme un flambeau.
C'est votre vieille garde au loin jonchant la plaine.
Demain, c'est Waterloo! demain, c'est Sainte-Hélène!
    Demain, c'est le tombeau!

    Vous pouvez entrer dans les villes
    Au galop de votre coursier,
    Dénouer les guerres civiles
    Avec le tranchant de l'acier;
    Vous pouvez, ô mon capitaine,
    Barrer la Tamise hautaine,
    Rendre la victoire incertaine
    Amoureuse de vos clairons,
    Briser toutes portes fermées,
    Dépasser toutes renommées,
    Donner pour astre à des armées
    L'étoile de vos éperons!

Dieu garde la durée et vous laisse l'espace;
Vous pouvez sur la terre avoir toute la place,
Être aussi grand qu'un front peut l'être sous le ciel;
Sire, vous pouvez prendre, à votre fantaisie,
L'Europe à Charlemagne, à Mahomet l'Asie; —
Mais tu ne prendras pas demain à l'Éternel!

III.

O revers! ô leçon! — Quand l'enfant de cet homme
Eut reçu pour hochet la couronne de Rome;
Lorsqu'on l'eut revêtu d'un nom qui retentit;
Lorsqu'on eut bien montré son front royal qui tremble
Au peuple émerveillé qu'on puisse tout ensemble
  Être si grand et si petit;

Quand son père eut pour lui gagné bien des batailles;
Lorsqu'il eut épaissi de vivantes murailles
Autour du nouveau-né riant sur son chevet;
Quand ce grand ouvrier, qui savait comme on fonde,
Eut, à coups de cognée, à peu près fait le monde
      Selon le songe qu'il rêvait;

Quand tout fut préparé par les mains paternelles,
Pour doter l'humble enfant de splendeurs éternelles;
Lorsqu'on eut de sa vie assuré les relais;
Quand pour loger un jour ce maître héréditaire,
On eut enraciné bien avant dans la terre
      Les pieds de marbre des palais;

Lorsqu'on eut pour sa soif posé devant la France
Un vase tout rempli du vin de l'espérance,...
Avant qu'il eût goûté de ce poison doré.

Avant que de sa lèvre il eût touché la coupe,
Un cosaque survint qui prit l'enfant en croupe
    Et l'emporta tout effaré!

.

IV.

Oui, l'aigle, un soir, planait aux voûtes éternelles,
Lorsqu'un grand coup de vent lui cassa les deux ailes;
Sa chute fit dans l'air un foudroyant sillon;
Tous alors sur son nid fondirent pleins de joie;
Chacun selon ses dents se partagea la proie;
L'Angleterre prit l'aigle, et l'Autriche l'aiglon!

Vous savez ce qu'on fit du géant historique.
Pendant six ans on vit, loin derrière l'Afrique,
    Sous le verrou des rois prudens,

— Oh! n'exilons personne! oh! l'exil est impie! —
Cette grande figure en sa cage accroupie,
    Ployée, et les genoux aux dents!

Encor si ce banni n'eût rien aimé sur terre!... —
Mais les cœurs de lion sont les vrais cœurs de père.
    Il aimait son fils, ce vainqueur!
Deux choses lui restaient dans sa cage inféconde,
Le portrait d'un enfant et la carte du monde,
    Tout son génie et tout son cœur!

Le soir, quand son regard se perdait dans l'alcôve,
Ce qui se remuait dans cette tête chauve,
Ce que son œil cherchait dans le passé profond,
— Tandis que ses geôliers, sentinelles placées
Pour guetter nuit et jour le vol de ses pensées,
En regardaient passer les ombres sur son front; —

Ce n'était pas toujours, sire, cette épopée
Que vous aviez naguère écrite avec l'épée ;
  Arcole, Austerlitz, Montmirail ;
Ni l'apparition des vieilles pyramides ;
Ni le pacha du Caire et ses chevaux numides
  Qui mordaient le vôtre au poitrail ;

Ce n'était pas le bruit de bombe et de mitraille
Que vingt ans, sous ses pieds, avait fait la bataille
  Déchaînée en noirs tourbillons,
Quand son souffle poussait sur cette mer troublée
Les drapeaux frissonnans, penchés dans la mêlée
  Comme les mâts des bataillons ;

Ce n'était pas Madrid, le Kremlin et le Phare,
La diane au matin fredonnant sa fanfare,
Le bivouac sommeillant dans les feux étoilés,

Les dragons chevelus, les grenadiers épiques,
Et les rouges lanciers fourmillant dans les piques,
Comme des fleurs de pourpre en l'épaisseur des blés;

Non, ce qui l'occupait, c'est l'ombre blonde et rose
D'un bel enfant qui dort la bouche demi-close,
    Gracieux comme l'Orient,
Tandis qu'avec amour, sa nourrice enchantée,
D'une goutte de lait au bout du sein restée,
    Agace salèvre en riant!

Le père alors posait ses coudes sur sa chaise,
Son cœur plein de sanglots se dégonflait à l'aise,
    Il pleurait, d'amour éperdu... —
Sois béni, pauvre enfant, tête aujourd'hui glacée,
Seul être qui pouvais distraire sa pensée
    Du trône du monde perdu!

V.

Tous deux sont morts. — Seigneur, votre droite est terrible !
Vous avez commencé par le maître invincible,
    Par l'homme triomphant ;
Puis vous avez enfin complété l'ossuaire ;
Dix ans vous ont suffi pour filer le suaire
    Du père et de l'enfant !

Gloire, jeunesse, orgueil, biens que la tombe emporte !
L'homme voudrait laisser quelque chose à la porte,
    Mais la mort lui dit non !
Chaque élément retourne où tout doit redescendre.
L'air reprend la fumée, et la terre la cendre.
    L'oubli reprend le nom.

VI.

O révolutions! j'ignore,
Moi, le moindre des matelots,
Ce que Dieu dans l'ombre élabore
Sous le tumulte de vos flots.
La foule vous hait et vous raille.
Mais qui sait comment Dieu travaille?
Qui sait si l'onde qui tressaille,
Si le cri des gouffres amers,
Si la trombe aux ardentes serres,
Si les éclairs et les tonnerres,
Seigneur, ne sont pas nécessaires
A la perle que font les mers!

Pourtant, cette tempête est lourde
Aux princes comme aux nations,
Oh! quelle mer aveugle et sourde
Qu'un peuple en révolutions!
Que sert ta chanson, ô poète?
Ces chants que ton génie émiette,
Tombent à la vague inquiète
Qui n'a jamais rien entendu!
Ta voix s'enroue en cette brume,
Le vent disperse au loin ta plume,
Pauvre oiseau chantant dans l'écume
Sur le mât d'un vaisseau perdu!

Longue nuit! tourmente éternelle!
Le ciel n'a pas un coin d'azur.
Hommes et choses, pêle-mêle,
Vont roulant dans l'abîme obscur.
Tout dérive et s'en va sous l'onde,
Rois au berceau, maîtres du monde,

Le front chauve et la tête blonde,
Grand et petit Napoléon !
Tout s'efface, tout se délie,
Le flot sur le flot se replie,
Et la vague qui passe oublie
Léviathan comme Alcyon !

Août 1852.

SUR LE

BAL DE L'HOTEL-DE-VILLE.

VI.

SUR LE BAL DE L'HOTEL-DE-VILLE.

Ainsi l'Hôtel-de-Ville illumine son faîte.
Le prince et les flambeaux, tout y brille, et la fête
Ce soir va resplendir sur ce comble éclairé,
Comme l'idée au front du poète sacré !
Mais cette fête, amis, n'est pas une pensée.
Ce n'est pas d'un banquet que la France est pressée,

Et ce n'est pas un bal qu'il faut, en vérité,
A ce tas de douleurs qu'on nomme la cité!

Puissans! nous ferions mieux de panser quelque plaie
Dont le sage rêveur à cette heure s'effraie,
D'étayer l'escalier qui d'en bas monte en haut,
D'agrandir l'atelier, d'amoindrir l'échafaud,
De songer aux enfans qui sont sans pain dans l'ombre,
De rendre un paradis au pauvre impie et sombre,
Que d'allumer un lustre et de tenir la nuit
Quelques fous éveillés autour d'un peu de bruit!

O reines de nos toits, femmes chastes et saintes,
Fleurs qui de nos maisons parfumez les enceintes,
Vous à qui le bonheur conseille la vertu,
Vous qui contre le mal n'avez pas combattu,
A qui jamais la faim, empoisonneuse infâme,
N'a dit: Vends-moi ton corps,—c'est-à-dire, votre âme!

Vous dont le cœur de joie et d'innocence est plein,
Dont la pudeur a plus d'enveloppes de lin
Que n'en avait Isis, la déesse voilée,
Cette fête est pour vous comme une aube étoilée !
Vous riez d'y courir tandis qu'on souffre ailleurs !
C'est que votre belle âme ignore les douleurs ;
Le hasard vous posa dans la sphère suprême ;
Vous vivez, vous brillez, vous ne voyez pas même,
Tant vos yeux éblouis de rayons sont noyés,
Ce qu'au-dessous de vous dans l'ombre on foule aux pieds !

Oui, c'est ainsi. — Le prince, et le riche, et le monde
Cherche à vous réjouir, vous pour qui tout abonde.
Vous avez la beauté, vous avez l'ornement ;
La fête vous enivre à son bourdonnement,
Et, comme à la lumière un papillon de soie,
Vous volez à la porte ouverte qui flamboie !
Vous allez à ce bal, et vous ne songez pas
Que parmi ces passans amassés sur vos pas,

En foule émerveillés des chars et des livrées,
D'autres femmes sont là, non moins que vous parées,
Qu'on farde et qu'on expose à vendre au carrefour ;
Spectres où saigne encor la place de l'amour ;
Comme vous pour le bal, belles et demi-nues ;
Pour vous voir au passage, hélas ! exprès venues,
Voilant leur deuil affreux d'un sourire moqueur,
Les fleurs au front, la boue aux pieds, la haine au cœur !

Mai 1835.

VII.

O Dieu ! si vous avez la France sous vos ailes,
Ne souffrez pas, Seigneur, ces luttes éternelles ;
Ces trônes qu'on élève et qu'on brise en courant ;
Ces tristes libertés qu'on donne et qu'on reprend ;
Ce noir torrent de lois, de passions, d'idées,
Qui répand sur les mœurs ses vagues débordées ;

Ces tribuns opposant, lorsqu'on les réunit,
Une charte de plâtre aux abus de granit ;
Ces flux et ces reflux de l'onde contre l'onde ;
Cette guerre, toujours plus sombre et plus profonde,
Des partis au pouvoir, du pouvoir aux partis ;
L'aversion des grands qui ronge les petits ;
Et toutes ces rumeurs, ces chocs, ces cris sans nombre,
Ces systèmes affreux échafaudés dans l'ombre,
Qui font que le tumulte et la haine et le bruit
Emplissent les discours, et qu'on entend la nuit,
A l'heure où le sommeil veut des momens tranquilles,
Les lourds canons rouler sur le pavé des villes !

Août 1832.

A CANARIS.

VIII.

A CANARIS.

Canaris! Canaris! nous t'avons oublié!
Lorsque sur un héros le temps s'est replié,
Quand le sublime acteur a fait pleurer ou rire,
Et qu'il a dit le mot que Dieu lui donne à dire,
Quand, venus au hasard des révolutions,
Les grands hommes ont fait leurs grandes actions,

Qu'ils ont jeté leur lustre, étincelant ou sombre,
Et qu'ils sont pas a pas redescendus dans l'ombre,
Leur nom s'éteint aussi. Tout est vain ! tout est vain !
Et jusqu'à ce qu'un jour le poète divin
Qui peut créer un monde avec une parole,
Les prenne, et leur rallume au front une auréole,
Nul ne se souvient d'eux, et la foule aux cent voix
Qui rien qu'en les voyant hurlait d'aise autrefois,
Hélas ! si par hasard devant elle on les nomme,
Interroge et s'étonne et dit : Quel est cet homme ?
Nous t'avons oublié. Ta gloire est dans la nuit.
Nous faisons bien encor toujours beaucoup de bruit,
Mais plus de cris d'amour, plus de chants, plus de culte,
Plus d'acclamations pour toi dans ce tumulte !
Le bourgeois ne sait plus épeler ton grand nom.
Soleil qui t'es couché, tu n'as plus de Memnon !
Nous avons un instant crié : — « La Grèce ! Athènes !
Sparte ! Léonidas ! Botzaris ! Démosthènes !
Canaris, demi-dieu de gloire rayonnant !... » —
Puis, l'entr'acte est venu, c'est bien, et maintenant

Dans notre esprit, si plein de ton apothéose,
Nous avons tout rayé pour écrire autre chose !
Adieu les héros grecs ! leurs lauriers sont fanés.
Vers d'autres orients nos regards sont tournés.
On n'entend plus sonner ta gloire sur l'enclume
De la presse, géant par qui tout feu s'allume,
Prodigieux cyclope à la tonnante voix,
A qui plus d'un Ulysse a crevé l'œil parfois.
Oh ! la presse ! ouvrier qui chaque jour s'éveille,
Et qui défait souvent ce qu'il a fait la veille ;
Mais qui forge du moins, de son bras souverain,
A toute chose juste une armure d'airain !

Nous t'avons oublié !

      Mais à toi, que t'importe ?
Il te reste, ô marin, la vague qui t'emporte,
Ton navire, un bon vent toujours prêt à souffler,
Et l'étoile du soir qui te regarde aller.

Il te reste l'espoir, le hasard, l'aventure,
Le voyage à travers une belle nature,
L'éternel changement de choses et de lieux,
La joyeuse arrivée et le départ joyeux ;
L'orgueil qu'un homme libre a de se sentir vivre
Dans un brick fin voilier et bien doublé de cuivre,
Soit qu'il ait à franchir un détroit sinueux ;
Soit que, par un beau temps, l'océan monstrueux
Qui brise quand il veut les rocs et les murailles,
Le berce mollement sur ses larges écailles ;
Soit que l'orage noir, envolé dans les airs,
Le batte à coups pressés de son aile d'éclairs !

Mais il te reste, ô Grec, ton ciel bleu, ta mer bleue,
Tes grands aigles qui font d'un coup d'aile une lieue,
Ton soleil toujours pur dans toutes les saisons,
La sereine beauté des tièdes horizons,
Ta langue harmonieuse, ineffable, amollie,
Que le temps a mêlée aux langues d'Italie

Comme aux flots de Baia la vague de Samos ;
Langue d'Homère où Dante a jeté quelques mots !
Il te reste, trésor du grand homme candide,
Ton long fusil sculpté, ton yatagan splendide,
Tes larges caleçons de toile, tes caftans
De velours rouge et d'or, aux coudes éclatans !
Quand ton navire fuit sur les eaux écumeuses,
Fier de ne côtoyer que des rives fameuses,
Il te reste, ô mon Grec, la douceur d'entrevoir
Tantôt un fronton blanc dans les brumes du soir,
Tantôt, sur le sentier qui près des mers chemine,
Une femme de Thèbe ou bien de Salamine,
Paysanne à l'œil fier qui va vendre ses blés
Et pique gravement deux grands bœufs accouplés,
Assise sur un char d'homérique origine,
Comme l'antique Isis des bas-reliefs d'Égine !

Octobre 1832.

IX.

Seule au pied de la tour d'où sort la voix du maître,
Dont l'ombre à tout moment au seuil vient apparaître,
Prête à voir en bourreau se changer ton époux,
Pâle et sur le pavé tombée à deux genoux,
Triste Pologne! hélas! te voilà donc liée,
Et vaincue, et déjà pour la tombe pliée!

Hélas! tes blanches mains, à défaut de tes fils,
Pressent sur ta poitrine un sanglant crucifix.
Les Baskirs ont marché sur ta robe royale
Où sont encore empreints les clous de leur sandale.
Par instant une voix gronde, on entend le bruit
D'un pas lourd, et l'on voit un sabre qui reluit,
Et toi, serrée au mur qui sous tes pleurs ruisselle,
Levant tes bras meurtris et ton front qui chancelle
Et tes yeux que déjà la mort semble ternir,
Tu dis : France, ma sœur! ne vois-tu rien venir?

Septembre 1833.

A L'HOMME

QUI A LIVRÉ UNE FEMME.

X.

A L'HOMME QUI A LIVRÉ UNE FEMME.

O honte! ce n'est pas seulement cette femme,
Sacrée alors pour tous, faible cœur, mais grande âme,
Mais c'est lui, c'est son nom dans l'avenir maudit;
Ce sont les cheveux blancs de son père interdit,
C'est la pudeur publique en face regardée
Tandis qu'il s'accouplait à son infâme idée,

C'est l'honneur, c'est la foi, la pitié, le serment,
Voilà ce que ce juif a vendu lâchement !

Juif ! les impurs traitans à qui l'on vend son âme
Attendront bien long-temps avant qu'un plus infâme
Vienne réclamer d'eux, dans quelque jour d'effroi,
Le fond du sac plein d'or qu'on fit vomir sur toi !

Ce n'est pas même un juif ! C'est un payen immonde,
Un renégat, l'opprobre et le rebut du monde,
Un fétide apostat, un oblique étranger
Qui nous donne du moins le bonheur de songer
Qu'après tant de revers et de guerres civiles,
Il n'est pas un bandit écumé dans nos villes,
Pas un forçat hideux blanchi dans les prisons,
Qui veuille mordre en France au pain des trahisons !

Rien ne te disait donc dans l'âme, ô misérable !
Que la proscription est toujours vénérable,
Qu'on ne bat pas le sein qui nous donna son lait,
Qu'une fille des rois dont on fut le valet
Ne se met point en vente au fond d'un antre infâme,
Et que n'étant plus reine, elle était encor femme !

Rentre dans l'ombre où sont tous les monstres flétris
Qui, depuis quarante ans, bavent sur nos débris !
Rentre dans ce cloaque ! et que jamais ta tête,
Dans un jour de malheur ou dans un jour de fête,
Ne songe à reparaître au soleil des vivans !
Qu'ainsi qu'une fumée abandonnée aux vents,
Infecte, et dont chacun se détourne au passage,
Ta vie erre au hasard de rivage en rivage !

Et tais-toi ! que veux-tu balbutier encor !
Dis, n'as-tu pas vendu l'honneur, le vrai trésor ?

Garde tous les soufflets entassés sur ta joue.
Que fait l'excuse au crime et le fard sur la boue!

Sans qu'un ami t'abrite à l'ombre de son toit,
Marche, autre juif errant! marche avec l'or qu'on voit
Luire à travers les doigts de tes mains mal fermées!
Tous les biens de ce monde en grappes parfumées
Pendent sur ton chemin, car le riche ici-bas
A tout, hormis l'honneur qui ne s'achète pas!
Hâte-toi de jouir, maudit! et sans relâche
Marche! et qu'en te voyant on dise : c'est ce lâche!
Marche! et que le remords soit ton seul compagnon!
Marche! sans rien pouvoir arracher de ton nom!
Car le mépris public, ombre de la bassesse,
Croît d'année en année et repousse sans cesse,
Et va s'épaississant sur les traîtres pervers
Comme la feuille au front des sapins toujours verts!

DU CRÉPUSCULE.

Et quand la tombe un jour, cette embûche profonde
Qui s'ouvre tout à coup sous les choses du monde,
Te fera, d'épouvante et d'horreur agité,
Passer de cette vie à la réalité,
La réalité sombre, éternelle, immobile!
Quand d'instant en instant plus seul et plus débile,
Tu te cramponneras en vain à ton trésor;
Quand la mort t'accostant couché sur des tas d'or,
Videra brusquement ta main crispée et pleine
Comme une main d'enfant qu'un homme ouvre sans peine,
Alors, dans cet abîme où tout traître descend,
L'un roulé dans la fange et l'autre teint de sang,
Tu tomberas, perdu sur la fatale grève
Que Dante Alighieri vit avec l'œil du rêve!
Tu tomberas damné, désespéré, banni!
Afin que ton forfait ne soit pas impuni,
Et que ton âme, errante au milieu de ces âmes,
Y soit la plus abjecte entre les plus infâmes!
Et lorsqu'ils te verront paraître au milieu d'eux,
Ces fourbes dont l'histoire inscrit les noms hideux,

Que l'or tenta jadis, mais à qui, d'âge en âge,
Chaque peuple en passant vient cracher au visage,
Tous ceux, les plus obscurs comme les plus fameux,
Qui portent sur leur lèvre un baiser venimeux,
Judas qui vend son Dieu, Leclerc qui vend sa ville,
Groupe au louche regard, engeance ingrate et vile,
Tous en foule accourront joyeux sur ton chemin,
Et Louvel indigné repoussera ta main !

Novembre 1832.

A M. LE D. D'O.

XI.

A M. LE D. D'O.

Prince, vous avez fait une sainte action.
Loin de la haute sphère où rit l'ambition,
Un père et ses enfans, cheveux blancs, têtes blondes,
Marchaient enveloppés de ténèbres profondes,
Prêts à se perdre au fond d'un gouffre de douleurs,
Le père dans le crime et les filles ailleurs.

Comme des voyageurs, lorsque la nuit les gagne,
Vont s'appelant l'un l'autre aux flancs de la montagne,
Au penchant de l'abîme et rampant à genoux,
Ils ont crié vers moi, moi, j'ai crié vers vous.
Je vous ai dit : Voici, tout près du précipice,
Des malheureux perdus dont le pied tremble et glisse !
Oh ! venez à leur aide et tendez-leur la main ! —
Vous vous êtes penché sur le bord du chemin,
Sans demander leurs noms, vos mains se sont tendues,
Et vous avez sauvé ces âmes éperdues.
Puis à moi, qui de joie et de pitié saisi,
Vous contemplais rêveur, vous avez dit : Merci !

C'est bien. C'est noble et grand. — Sous la tente empressée
Que vos mains sur leurs fronts à la hâte ont dressée,
Ils sont là maintenant, recueillant leur espoir,
Leur force et leur courage, et tâchant d'entrevoir,
Grâce à votre rayon qui perce leur nuage,
Quelque horizon moins sombre à leur triste voyage.

DU CRÉPUSCULE.

Groupe encor frissonnant à sa perte échappé!
Pareil au pauvre oiseau par l'orage trempé,
Qui, s'abritant d'un chêne aux branches éternelles,
Attend pour repartir qu'il ait séché ses ailes!

Jeune homme au cœur royal, soyez toujours ainsi.
La porte qui fait dire au pauvre : C'est ici!
La main toujours tendue au bord de cet abîme
Où tombe le malheur, d'où remonte le crime!
La clef sainte, qu'on trouve au besoin sans flambeau,
Qui rouvre l'espérance et ferme le tombeau!

Soyez l'abri, le toit, le port, l'appui, l'asile!
Faites au prisonnier qu'on frappe et qu'on exile,
A cette jeune fille, hélas! vaincue enfin,
Que marchandent dans l'ombre et le froid et la faim,
Au vieillard qui des jours vide la lie amère,
Aux enfans grelottans qui n'ont ni pain ni mère,

Faites aux malheureux, sans cesse, nuit et jour,
Verser sur vos deux mains bien des larmes d'amour !
Car Dieu fait quelquefois sous ces saintes rosées
Regermer des fleurons aux couronnes rasées.

Comme la nue altière, en son sublime essor,
Se laisse dérober son fluide trésor
Par ces flèches de fer au ciel toujours dressées,
Heureux le prince, empli de pieuses pensées,
Qui sent, du haut des cieux sombres et flamboyans,
Tout son or s'en aller aux mains des supplians !

15 septembre 1834.

A CANARIS.

XII.

A CANARIS.

D'où vient que ma pensée encor revole à toi,
Grec illustre à qui nul ne songe, excepté moi?
D'où vient que me voilà, seul et dans la nuit noire,
Grave et triste, essayant de redorer ta gloire?
Tandis que là, dehors, cent rhéteurs furieux
Grimpent sur des tréteaux pour attirer les yeux,

D'où vient que c'est vers toi que mon esprit retourne,
Vers toi sur qui l'oubli s'enracine et séjourne?
C'est que tu fus tranquille et grand sous les lauriers.
Nous autres qui chantons, nous aimons les guerriers,
Comme sans doute aussi vous aimez les poètes.
Car ce que nous chantons vient de ce que vous faites!
Car le héros est fort et le poète est saint!
Les poètes profonds qu'aucun souffle n'éteint
Sont pareils au volcan de la Sicile blonde
Que tes regards sans doute ont vu fumer sur l'onde;
Comme le haut Etna, flamboyant et fécond,
Ils ont la lave au cœur et l'épi sur le front!

Et puis, ce fut toujours un instinct de mon âme,
Quand ce chaos mêlé de fumée et de flamme,
Quand ce grand tourbillon, par Dieu même conduit,
Qui nous emporte tous au jour ou dans la nuit,
A passé sur le front des héros et des sages,
Comme après la tempête on court sur les rivages.

Moi je vais ramasser ceux qu'il jette dehors,
Ceux qui sont oubliés comme ceux qui sont morts!

Va, ne regrette rien. Ta part est la meilleure.
Vieillir dans ce Paris qui querelle et qui pleure
Et qui chante ébloui par mille visions
Comme une courtisane aux folles passions;
Rouler sur cet amas de têtes sans idées
Pleines chaque matin et chaque soir vidées;
Croître, fruit ignoré, dans ces rameaux touffus;
Être admiré deux jours par tous ces yeux confus;
Écouter dans ce gouffre où tout ruisseau s'écoule
Le bruit que fait un nom en tombant sur la foule;
Si des mœurs du passé quelque reste est debout,
Se répandre en torrents, comme une onde qui bout,
Sur cette forteresse autrefois glorieuse
Par la brèche qu'y fait la presse furieuse;
Contempler jour et nuit ces flots et leur rumeur,
Et s'y mêler soi-même, inutile rameur;

Voir de près, haletants sous la main qui les pique,
Les ministres traîner la machine publique,
Charrue embarrassée en des sillons bourbeux
Dont nous sommes le soc et dont ils sont les bœufs;
Tirer sur le théâtre, en de funèbres drames,
Du choc des passions l'étincelle des âmes,
Et comme avec la main tordre et presser les cœurs
Pour en faire sortir goutte à goutte les pleurs;
Emplir de son fracas la tribune aux harangues,
Babel où de nouveau se confondent les langues;
Harceler les pouvoirs; jeter sur ce qu'ils font
L'écume d'un discours au flot sombre et profond;
Être un gond de la porte, une clef de la voûte;
Si l'on est grand et fort, chaque jour dans sa route
Écraser des serpents tout gonflés de venins;
Être arbuste dans l'herbe et géant chez les nains;
Tout cela ne vaut pas, ô noble enfant de l'onde,
Le bonheur de flotter sur cette mer féconde
Qui vit partir Argo, qui vit naître Colomb,
D'y jeter par endroits la sonde aux pieds de plomb,

Et de voir, à travers la vapeur du cigare,
Décroître à l'horizon Mantinée ou Mégare!

———

Que si tu nous voyais, ô fils de l'Archipel,
Quand la presse a battu l'unanime rappel,
Créneler à la hâte un droit qu'on veut détruire,
Ou, foule dévouée à qui veut nous conduire,
Contre un pouvoir pygmée agitant son beffroi,
Nous ruer pêle-mêle à l'assaut d'une loi,
Sur ces combats d'enfants, sur ces frêles trophées,
Oh! que tu jetterais le dédain par bouffées,
Toi qui brises tes fers rien qu'en les secouant,
Toi dont le bras, la nuit, envoie en se jouant,

Avec leurs icoglans, leurs noirs, leurs femmes nues,
Les capitans-pachas s'éveiller dans les nues !

———

Va, que te fait l'oubli de ceux dont tu rirais
Si tu voyais leurs mains et leurs âmes de près?
Que t'importe ces cœurs faits de cire ou de pierre,
Ces mémoires en qui tout est cendre et poussière,
Ce traitant qui, du peuple infructueux fardeau,
N'est bon qu'à s'emplir d'or comme l'éponge d'eau,
Ce marchand accoudé sur son comptoir avide,
Et ce jeune énervé, face imbécile et vide,
Eunuque par le cœur, qui n'admire à Paris
Que les femmes de race et les chevaux de prix !

Que t'importe l'oubli de l'Europe où tout roule,
L'homme et l'événement, sous les pieds de la foule!
De Paris qui s'éveille et s'endort tour à tour,
Et fait un mauvais rêve en attendant le jour!
De Londre où l'hôpital ne vaut pas l'hippodrome!
De Rome qui n'est plus que l'écaille de Rome!
Et de ceux qui sont rois ou tribuns, et de ceux
Qui tiennent ton Hellé sous leur joug paresseux,
Vandales vernissés, blonds et pâles barbares,
Qui viennent au pays des rudes Palikares,
Tout restaurer, mœurs, peuple et monuments, hélas!
Civiliser la Grèce et gratter Phidias!

Et puis, qui sait — candeur que j'admire et que j'aime! —
Si tu n'as pas fini par t'oublier toi-même!

Que t'importe! tandis que, debout sur le port,
Tu vends à quelque Anglais un passage à ton bord;

Ou que tu fais rouler et ranger sur la grève
Des ballots que longtemps le marchand vit en rêve;
Ou que ton joyeux rire accueille tes égaux,
Tes amis, les patrons de Corinthe et d'Argos;
Peut-être en ce moment quelque femme de Grèce,
Dont un bandeau payen serre la noire tresse,
Mère féconde ou fille avec de vieux parents,
Tourne sur toi ses yeux fixes et transparents,
Se souvient de Psara, de Chio, de Nauplie,
Et de toute la mer de Canaris remplie,
Et t'admirant de loin comme on admire un roi,
Sans oser te parler, passe en priant pour toi !

Septembre 1835.

XIII.

Il n'avait pas vingt ans. Il avait abusé
De tout ce qui peut être aimé, souillé, brisé.
Il avait tout terni sous ses mains effrontées.
Les blêmes voluptés sur sa trace ameutées
Sortaient, pour l'appeler, de leur repaire impur
Quand son ombre passait à l'angle de leur mur.

Sa sève, nuit et jour, s'épuisait aux orgies
Comme la cire ardente aux mèches des bougies.
Chassant l'été, l'hiver il posait au hasard
Son coude à l'Opéra sur Gluck ou sur Mozart.
Jamais il ne trempait sa tête dans ces ondes
Qu'Homère et que Shakspeare épanchent si profondes;
Il ne croyait à rien; jamais il ne rêvait;
Le bâillement hideux siégeait à son chevet;
Toujours son ironie, inféconde et morose,
Jappait sur les talons de quelque grande chose;
Il se faisait de tout le centre et le milieu;
Il achetait l'amour, il aurait vendu Dieu.
La nature, la mer, le ciel bleu, les étoiles,
Tous ces vents pour qui l'âme a toujours quelques voiles,
N'avaient rien dont son cœur fût dans l'ombre inquiet.
Il n'aimait pas les champs. Sa mère l'ennuyait.
Enfin, ivre, énervé, ne sachant plus que faire,
Sans haine, sans amour, et toujours, ô misère!
Avant la fin du jour blasé du lendemain,
Un soir qu'un pistolet se trouva sous sa main,

Il rejeta son âme au ciel, voûte fatale,
Comme le fond du verre au plafond de la salle !

Jeune homme, tu fus lâche, imbécile et méchant.
Nous ne te plaindrons pas. Lorsque le soc tranchant
A passé, donne-t-on une larme à l'ivraie?
Mais ce que nous plaindrons d'une douleur bien vraie,
C'est celle sur laquelle un tel fils est tombé,
C'est ta mère, humble femme au dos lent et courbé,
Qui sent fléchir sans toi son front que l'âge plombe,
Et qui fit le berceau de qui lui fait sa tombe !

Nous ne te plaindrons pas, mais ce que nous plaindrons,
Ce qui nous est encor sacré sous les affronts,
C'est cette triste enfant qui jadis pure et tendre
Chantait à sa mansarde où ton or l'alla prendre,
Qui s'y laissa tenter comme au soleil levant,
Croyant la faim derrière et le bonheur devant;

Qui voit son âme, hélas! qu'on mutile et qu'on foule,
Éparse maintenant sous les pieds de la foule;
Qui pleure son parfum par tout souffle enlevé;
Pauvre vase de fleurs tombé sur le pavé!

Non, ce que nous plaindrons, ce n'est pas toi, vaine ombre,
Chiffre qu'on n'a jamais compté dans aucun nombre,
C'est ton nom jadis pur, maintenant avili.
C'est ton père expiré, ton père enseveli,
Vénérable soldat de notre armée ancienne,
Que ta tombe en s'ouvrant réveille dans la sienne!
Ce sont tes serviteurs, tes parents, tes amis,
Tous ceux qui t'entouraient, tous ceux qui s'étaient mis
Follement à ton ombre, et dont la destinée
Par malheur dans la tienne était enracinée.
C'est tout ce qu'ont flétri tes caprices ingrats.
C'est ton chien qui t'aimait et que tu n'aimais pas!

DU CRÉPUSCULE.

Pour toi, triste orgueilleux, riche au cœur infertile,
Qui vivais impuissant et qui meurs inutile,
Toi qui tranchas tes jours pour faire un peu de bruit,
Sans même être aperçu, retourne dans la nuit!
C'est bien. Sors du festin sans qu'un flambeau s'efface!
Tombe au torrent, sans même en troubler la surface!
Ce siècle a son idée, elle marche à grands pas
Et toujours à son but! Ton sépulcre n'est pas
De ceux qui la feront trébucher dans sa route.
Ta porte en se fermant ne vaut pas qu'on l'écoute.
Va donc! Qu'as-tu trouvé, ton caprice accompli?
Voluptueux, la tombe, et vaniteux, l'oubli!

Avril 1831.

Certe, une telle mort, ignorée ou connue,
N'importe pas au siècle, et rien n'en diminue.
On n'en parle pas même et l'on passe à côté.
Mais lorsque, grandissant sous le ciel attristé,
L'aveugle suicide étend son aile sombre,
Et prend à chaque instant plus d'âmes sous son ombre;
Quand il éteint partout, hors des desseins de Dieu,
Des fronts pleins de lumière et des cœurs pleins de feu;
Quand Robert, qui voilait, peintre au pinceau de flamme,
Sous un regard serein l'orage de son âme,
Rejette le calice avant la fin du jour
Dès qu'il en a vidé ce qu'il contient d'amour;

Quand Castelreagh, ce taon qui piqua Bonaparte,
Cet Anglais mélangé de Carthage et de Sparte,
Se plonge au cœur l'acier et meurt désabusé,
Assouvi de pouvoir, de ruses epuisé;
Quand Rabbe de poison inonde ses blessures;
Comme un cerf poursuivi d'aboyantes morsures,
Lorsque Gros haletant se jette, faible et vieux,
Au fleuve, pour tromper sa meute d'envieux;
Quand de la mère au fils et du père à la fille,
Partout ce vent de mort ébranche la famille;
Lorsqu'on voit le vieillard se hâter au tombeau
Après avoir long-temps trouvé le soleil beau,
Et l'épouse quittant le foyer domestique,
Et l'écolier lisant dans quelque livre antique,
Et tous ces beaux enfants, hélas! trop tôt mûris,
Qui ne connaissaient pas les hommes, qu'à Paris
Souvent un songe d'or jusques au ciel enlève,
Et qui se sont tués quand, du haut de leur rêve
De gloire, de vertu, d'amour, de liberté,
Ils sont tombés le front sur la société; —

Alors le croyant prie et le penseur médite!
Hélas! l'humanité va peut-être trop vite.
Où tend ce siècle? où court le troupeau des esprits?
Rien n'est encor trouvé, rien n'est encor compris;
Car beaucoup ici-bas sentent que l'espoir tombe,
Et se brisent la tête à l'angle de la tombe
Comme vous briseriez le soir sur le pavé
Un œuf où rien ne germe et qu'on n'a pas couvé!
Mal d'un siècle en travail où tout se décompose!
Quel en est le remède et quelle en est la cause?
Serait-ce que la foi derrière la raison
Décroît comme un soleil qui baisse à l'horizon?
Que Dieu n'est plus compté dans ce que l'homme fonde?
Et qu'enfin il se fait une nuit trop profonde
Dans ces recoins du cœur, du monde inaperçus,
Que peut seule éclairer votre lampe, ô Jésus!
Est-il temps, matelots mouillés par la tempête,
De rebâtir l'autel et de courber la tête?
Devons-nous regretter ces jours anciens et forts
Où les vivans croyaient ce qu'avaient cru les morts,

DU CRÉPUSCULE.

Jours de piété grave et de force féconde,
Lorsque la Bible ouverte éblouissait le monde !

Amas sombre et mouvant de méditations !
Problèmes périlleux ! obscures questions
Qui font que, par momens s'arrêtant immobile,
Le poète pensif erre encor dans la ville
A l'heure où sur ses pas on ne rencontre plus
Que le passant tardif aux yeux irrésolus
Et la ronde de nuit, comme un rêve apparue,
Qui va tâtant dans l'ombre à tous les coins de rue !

Septembre 1835.

XIV.

Oh! n'insultez jamais une femme qui tombe!
Qui sait sous quel fardeau la pauvre âme succombe!
Qui sait combien de jours sa faim a combattu!
Quand le vent du malheur ébranlait leur vertu,
Qui de nous n'a pas vu de ces femmes brisées
S'y cramponner long-temps de leurs mains épuisées!

Comme au bout d'une branche on voit étinceler
Une goutte de pluie où le ciel vient briller,
Qu'on secoue avec l'arbre et qui tremble et qui lutte,
Perle avant de tomber et fange après sa chute !

La faute en est à nous ; à toi, riche ! à ton or !
Cette fange d'ailleurs contient l'eau pure encor.
Pour que la goutte d'eau sorte de la poussière,
Et redevienne perle en sa splendeur première,
Il suffit, c'est ainsi que tout remonte au jour,
D'un rayon du soleil ou d'un rayon d'amour !

Septembre 1835.

CONSEIL.

XV.

CONSEIL.

Rien encor n'a germé de vos rameaux flottans
Sur notre jeune terre où, depuis quarante ans,
    Tant d'âmes se sont échouées,

Doctrines aux fruits d'or, espoir des nations,
Que la hâtive main des révolutions
    Sur nos têtes a secouées!

Nous attendons toujours! Seigneur, prener pitié
Des peuples qui, toujours satisfaits à moitié,
    Vont d'espérance en espérance;
Et montrez-nous enfin l'homme de votre choix
Parmi tous ces tribuns et parmi tous ces rois
    Que vous essayez à la France!

Qui peut se croire fort, puissant et souverain?
Qui peut dire en scellant des barrières d'airain :
    Jamais vous ne serez franchies!
Dans ce siècle de bruit, de gloire et de revers,
Où les roseaux penchés au bord des étangs verts
    Durent plus que les monarchies!

Rois! la bure est souvent jalouse du velours.
Le peuple a froid l'hiver, le peuple a faim toujours.
    Rendez-lui son sort plus facile.
Le peuple souvent porte un bien rude collier.
Ouvrez l'école aux fils, aux pères l'atelier,
    A tous vos bras, auguste asile!

Par la bonté des rois rendez les peuples bons.
Sous d'étranges malheurs souvent nous nous courbons;
    Songez que Dieu seul est le maître.
Un bienfait par quelqu'un est toujours ramassé.
Songez-y, rois minés sur qui pèse un passé
    Gros du même avenir peut-être!

Donnez à tous. Peut-être un jour tous vous rendront!
Donnez, — on ne sait pas quels épis germeront
    Dans notre siècle autour des trônes! —

De la main droite aux bons, de la gauche aux méchans!
Comme le laboureur sème sa graine aux champs,
  Ensemencez les cœurs d'aumônes!

O Rois! le pain qu'on porte au vieillard desséché,
La pauvre adolescente enlevée au marché,
Le bienfait souriant, toujours prêt à toute heure,
Qui vient, riche et voilé, partout où quelqu'un pleure,
Le cri reconnaissant d'une mère à genoux,
L'enfant sauvé qui lève entre le peuple et vous

Ses deux petites mains sincères et joyeuses,
Sont la meilleure digue aux foules furieuses.

Hélas! je vous le dis, ne vous endormez pas,
Tandis que l'avenir s'amoncèle là-bas!

Il arrive parfois, dans le siècle où nous sommes,
Qu'un grand vent tout à coup soulève à flots les hommes;
Vent de malheur, formé, comme tous les autans,
De souffles quelque part comprimés trop long-temps;
Vent qui de tout foyer disperse la fumée;
Dont s'attise l'idée à cette heure allumée;
Qui passe sur tout homme, et, torche ou flot amer,
Le fait étinceler ou le fait écumer;
Ébranle toute digue et toute citadelle;
Dans la société met à nu d'un coup d'aile
Des sommets jusqu'alors par des brumes voilés,
Des gouffres ténébreux ou des coins étoilés;

Vent fatal qui confond les meilleurs et les pires,
Arrache mainte tuile au vieux toit des empires,
Et prenant dans l'état, en haut, en bas, partout,
Tout esprit qui dérive et toute âme qui bout,
Tous ceux dont un zéphir fait remuer les têtes,
Tout ce qui devient onde à l'heure des tempêtes,
Amoncelant dans l'ombre et chassant à la fois
Ces flots, ces bruits, ce peuple, et ces pas, et ces voix.
Et les groupes sans forme et les rumeurs sans nombre,
Pousse tout cet orage au seuil d'un palais sombre!

Palais sombre en effet, et plongé dans la nuit!
D'où les illusions s'envolent à grand bruit,
Quelques-unes en pleurs, d'autres qu'on entend rire!
C'en est fait. L'heure vient! le voile se déchire,
Adieu les songes d'or! On se réveille, on voit
Un spectre aux mains de chair qui vous touche du doigt.
C'est la réalité, qu'on sent là, qui vous pèse.
On rêvait Charlemagne, on pense à Louis seize!

Heure grande et terrible où, doutant des canons,
La royauté, nommant ses amis par leurs noms,
Recueillant tous les bruits que la tempête apporte.
Attend, l'œil à la vitre et l'oreille à la porte!
Où l'on voit dans un coin, ses filles dans ses bras,
La reine qui pâlit, pauvre étrangère, hélas!
Où les petits enfans des familles royales
De quelque vieux soldat pressent les mains loyales,
Et demandent, avec des sanglots superflus,
Aux valets qui déjà ne leur répondent plus,
D'où viennent ces rumeurs, ces terreurs, ce mystère,
Et les ébranlemens de cette affreuse terre
Qu'ils sentent remuer comme la mer aux vents,
Et qui ne tremble pas sous les autres enfans!

Hélas! vous crénelez vos mornes Tuileries;
Vous encombrez les ponts de vos artilleries;
Vous gardez chaque rue avec un régiment;
A quoi bon? à quoi bon? De moment en moment

La tourbe s'épaissit, grosse et désespérée
Et terrible : et qu'importe à l'heure où leur marée
Sort et monte en hurlant du fond du gouffre amer,
La mitraille à la foule et la grêle à la mer !

O redoutable époque! et quels temps que les nôtres !
Où, rien qu'en se serrant les uns contre les autres,
Les hommes dans leurs plis écrasent tours, châteaux,
Donjons que les captifs rayaient de leurs couteaux,
Créneaux, portes d'airain comme un carton ployées,
Et, sur leurs boulevarts vainement appuyées,
Les pâles garnisons, et les canons de fer
Broyés avec le mur comme l'os dans la chair !

Comment se défendra ce roi qu'un peuple assiége ?
Plus léger sur ce flot que sur l'onde un vain liége,
Plus vacillant que l'ombre aux approches du soir;
Écoutant sans entendre et regardant sans voir,

Il est là qui frissonne, impuissant, infertile.
Sa main tremble, et sa tête est un crible inutile,
Hélas ! hélas ! les rois en ont seuls de pareils !
Qui laisse tout passer, hors les mauvais conseils !

Que servent maintenant ces sabres, ces épées,
Ces lignes de soldats par des caissons coupées ;
Ces bivouacs, allumés dans les jardins profonds,
Dont la lueur sinistre empourpre les plafonds ;
Ce général choisi, qui déjà, vaine garde,
Sent peut-être à son front sourdre une autre cocarde ;
Et tous ces cuirassiers, soldats vieux et nouveaux,
Qui plantent dans la cour des pieux pour leurs chevaux ?
Que sert la grille close et la mèche allumée ?
Il faudrait une tête et tu n'as qu'une armée !

Que faire de ce peuple à l'immense roulis,
Mer qui traîne du moins une idée en ses plis,

Vaste inondation d'hommes, d'enfans, de femmes,
Flots qui tous ont des yeux, vagues qui sont des âmes!

Malheur alors! O Dieu! faut-il que nous voyions
Le côté monstrueux des révolutions!
Qui peut dompter la mer? Seigneur! qui peut répondre
Des ondes de Paris et des vagues de Londre,
Surtout lorsque la ville ameutée aux tambours
Sent ramper dans ses flots l'hydre de ses faubourgs!
Dans ce palais fatal où l'empire s'écroule,
Dont la porte bientôt va ployer sous la foule,
Où l'on parle tout bas de passages secrets,
Où le roi sent déjà qu'on le sert de moins près,
Où la mère en tremblant rit à l'enfant qui pleure,
O mon Dieu! que va-t-il se passer tout à l'heure?
Comment vont-ils jouer avec ce nid de rois?
Pourquoi faut-il qu'aux jours où le pauvre aux abois
Sent sa haine des grands de ce qu'il souffre accrue,
Notre faute ou la leur le lâchent dans la rue?

Temps de deuil où l'émeute en fureur sort de tout!
Où le peuple devient difforme tout à coup!

Malheur donc! c'est fini. Plus de barrière au trône!
Mais Dieu garde un trésor à qui lui fit l'aumône.
Si le prince a laissé, dans des temps moins changeans,
L'empreinte de ses pas à des seuils indigens,
Si des bienfaits cachés il fut parfois complice,
S'il a souvent dit : grâce! où la loi dit : supplice!
Ne désespérez pas. Le peuple aux mauvais jours
A pu tout oublier, Dieu se souvient toujours!
Souvent un cri du cœur sorti d'une humble bouche
Désarme, impérieux, une foule farouche
Qui tenait une proie en ses poings triomphans.
Les mères aux lions font rendre les enfans!
Oh! dans cet instant même où le naufrage gronde,
Où l'on sent qu'un boulet ne peut rien contre une onde,
Où liquide, et fangeuse, et pleine de courroux,
La populace à l'œil stupide, aux cheveux roux

Aboyant sur le seuil comme un chien pour qu'on ouvre,
Arrive, éclaboussant les chapiteaux du Louvre,
Océan qui n'a point d'heure pour son reflux ;
Au moment où l'on voit que rien n'arrête plus
Ce flot toujours grossi que chaque instant apporte,
Qui veut monter, qui hurle et qui mouille la porte ;
C'est un spectacle auguste et que j'ai vu déjà
Souvent, quand mon regard dans l'histoire plongea,
Qu'une bonne action, cachée en un coin sombre,
Qui sort subitement toute blanche de l'ombre,
Et comme autrefois Dieu qu'elle prend à témoin,
Dit au peuple écumant : Tu n'iras pas plus loin !

Décembre 1834.

XVI.

Le grand homme vaincu peut perdre en un instant
Sa gloire, son empire, et son trône éclatant,
    Et sa couronne qu'on renie,
Tout, jusqu'à ce prestige à sa grandeur mêlé
Qui faisait voir son front dans un ciel étoilé ;
    Il garde toujours son génie !

Ainsi, quand la bataille enveloppe un drapeau,
Tout ce qui n'est qu'azur, écarlate, oripeau,
    Frange d'or, tunique de soie,
Tombe sous la mitraille en un moment haché,
Et, lambeau par lambeau, s'en va comme arraché
    Par le bec d'un oiseau de proie!

Et qu'importe! à travers les cris, les pas, les voix,
Et la mêlée en feu qui sur tous à la fois
    Fait tourner son horrible meule,
Au plus haut de la hampe, orgueil des bataillons,
Où pendait cette pourpre envolée en haillons,
    L'aigle de bronze reste seule!

    Février 1835.

A ALPHONSE RABBE.

XVII.

A ALPHONSE RABBE,

MORT LE 31 DÉCEMBRE 1829.

Hélas! que fais-tu donc, ô Rabbe, ô mon ami,
Sévère historien dans la tombe endormi!

Je l'ai pensé souvent dans mes heures funèbres,
Seul près de mon flambeau qui rayait les ténèbres,
O noble ami, pareil aux hommes d'autrefois,
Il manque parmi nous ta voix, ta forte voix

Pleine de l'équité qui gonflait ta poitrine;
Il nous manque ta main qui grave et qui burine,
Dans ce siècle où par l'or les sages sont distraits,
Où l'idée est servante auprès des intérêts,
Temps de fruits avortés et de tiges rompues,
D'instincts dénaturés, de raisons corrompues,
Où, dans l'esprit humain tout étant dispersé,
Le présent au hasard flotte sur le passé!

Si parmi nous ta tête était debout encore,
Cette cime où vibrait l'éloquence sonore,
Au milieu de nos flots tu serais calme et grand.
Tu serais comme un pont posé sur le courant.

Tu serais pour chacun la voix haute et sensée
Qui fait que tout brouillard s'en va de la pensée,
Et que la vérité, qu'en vain nous repoussons,
Sort de l'amas confus des sombres visions!

Tu dirais aux partis qu'ils font trop de poussière
Autour de la raison pour qu'on la voie entière ;
Au peuple, que la loi du travail est sur tous,
Et qu'il est assez fort pour n'être pas jaloux ;
Au pouvoir, que jamais le pouvoir ne se venge,
Et que pour le penseur c'est un spectacle étrange
Et triste quand la loi, figure au bras d'airain,
Déesse qui ne doit avoir qu'un front serein,
Sort à de certains jours de l'urne consulaire
L'œil hagard, écumante et folle de colère!

Et ces jeunes esprits, à qui tu souriais,
Et que leur âge livre aux rêves inquiets,
Tu leur dirais : « Amis, nés pour des temps prospères,
» Oh! n'allez pas errer comme ont erré vos pères!
» Laissez mûrir vos fronts! gardez-vous, jeunes gens,
» Des systèmes dorés aux plumages changeans
» Qui dans les carrefours s'en vont faire la roue!
Et de ce qu'en vos cœurs l'Amérique secoue,

» Peuple à peine essayé, nation de hasard,
» Sans tige, sans passé, sans histoire et sans art!
» Et de cette sagesse impie, envenimée,
» Du cerveau de Voltaire éclose tout armée,
» Fille de l'ignorance et de l'orgueil, posant
» Les lois des anciens jours sur les mœurs d'à-présent;
» Qui refait un chaos partout où fut un monde;
» Qui rudement enfonce, ô démence profonde!
» Le casque étroit de Sparte au front du vieux Paris;
» Qui dans les temps passés, mal lus et mal compris,
» Viole effrontément tout sage pour lui faire
» Un monstre qui serait la terreur de son père!
» Si bien que les héros antiques tout tremblans
» S'en sont voilé la face, et qu'après trois mille ans,
» Par ses embrassemens réveillé sous la pierre,
» Lycurgue qu'elle épouse enfante Robespierre! »

Tu nous dirais à tous : « Ne vous endormez pas!
» Veillez et soyez prêts! car déjà pas à pas

» La main de l'oiseleur dans l'ombre s'est glissée
» Partout où chante un nid couvé par la pensée!
» Car les plus nobles cœurs sont vaincus ou sont las!
» Car la Pologne aux fers ne peut plus même, hélas!
» Mordre le pied du czar appuyé sur sa gorge!
» Car on voit chaque jour s'alonger dans la forge
» La chaîne que les rois, craignant la Liberté,
» Font pour cette géante endormie à côté!
» Ne vous endormez pas! Travaillez sans relâche!
» Car les grands ont leur œuvre et les petits leur tâche.
» Chacun a son ouvrage à faire. Chacun met
» Sa pierre à l'édifice encor loin du sommet.
» Qui croit avoir fini pour un roi qu'on dépose
» Se trompe. Un roi qui tombe est toujours peu de chose.
» Il est plus difficile et c'est un plus grand poids
» De relever les mœurs que d'abattre les rois.
» Rien chez vous n'est complet. La ruine ou l'ébauche.
» L'épi n'est pas formé que votre main le fauche!
» Vous êtes encombrés de plans toujours rêvés
» Et jamais accomplis. Hommes, vous ne savez,

» Tant vous connaissez peu ce qui convient aux âmes,
» Que faire des enfants ni que faire des femmes !
» Où donc en êtes-vous ? Vous vous applaudissez
» Pour quelques blocs de lois au hasard entassés !
» Ah ! l'heure du repos pour aucun n'est venue.
» Travaillez ! Vous cherchez une chose inconnue ;
» Vous n'avez pas de foi, vous n'avez pas d'amour ;
» Rien chez vous n'est encore éclairé du vrai jour !
» Crépuscule et brouillards que vos plus clairs systèmes !
» Dans vos lois, dans vos mœurs et dans vos esprits mêmes,
» Partout l'aube blanchâtre ou le couchant vermeil !
» Nulle part le midi ! nulle part le soleil ! »

Tu parlerais ainsi dans des livres austères,
Comme parlaient jadis les anciens solitaires,
Comme parlent tous ceux devant qui l'on se tait,
Et l'on t'écouterait comme on les écoutait.
Et l'on viendrait vers toi dans ce siècle plein d'ombre
Où, chacun se heurtant aux obstacles sans nombre

Que faute de lumière on tâte avec la main,
Le conseil manque à l'âme et le guide au chemin!

———

Hélas! à chaque instant des souffles de tempêtes
Amassent plus de brume et d'ombre sur nos têtes.
De moment en moment l'avenir s'assombrit.
Dans le calme du cœur, dans la paix de l'esprit,
Je t'adressais ces vers où mon âme sereine
N'a laissé sur ta pierre écumer nulle haine,
A toi qui dors couché dans le tombeau profond,
A toi qui ne sais plus ce que les hommes font!
Je t'adressais ces vers pleins de tristes présages.
Car c'est bien follement que nous nous croyions sages!

Le combat furieux recommence à gronder
Entre le droit de croître et le droit d'émonder ;
La bataille où les lois attaquent les idées
Se mêle de nouveau sur des mers mal sondées ;
Chacun se sent troublé comme l'eau sous le vent ;
Et moi-même, à cette heure, à mon foyer rêvant,
Voilà, depuis cinq ans qu'on oubliait Procuste,
Que j'entends aboyer au seuil du drame auguste
La censure à l'haleine immonde, aux ongles noirs,
Cette chienne au front bas qui suit tous les pouvoirs,
Vile, et mâchant toujours dans sa gueule souillée,
O muse! quelque pan de ta robe étoilée!

Hélas! que fais-tu donc, ô Rabbe, ô mon ami,
Sévère historien dans la tombe endormi?

Septembre 1835.

ENVOI

DES FEUILLES D'AUTOMNE

A MADAME ***.

XVIII.

ENVOI DES FEUILLES D'AUTOMNE.

I.

Ce livre errant qui va l'aile brisée,
Et que le vent jette à votre croisée
Comme un grêlon à tous les murs cogné,

Hélas! il sort des tempêtes publiques.
Le froid, la pluie, et mille éclairs obliques
L'ont assailli, le pauvre nouveau-né.

Il est puni d'avoir fui ma demeure.
Après avoir chanté, voici qu'il pleure;
Voici qu'il boite après avoir plané!

II.

En attendant que le vent le remporte,
Ouvrez, Marie, ouvrez-lui votre porte.
Raccommodez ses vers estropiés!

Dans votre alcôve à tous les vents bien close,
Pour un instant souffrez qu'il se repose,
Qu'il se réchauffe au feu de vos trépieds,

Qu'à vos côtés, à votre ombre, il se couche,
Oiseau plumé, qui, frileux et farouche,
Tremble et palpite, abrité sous vos pieds!

Janvier 1832.

XIX.

Anacréon, poète aux ondes érotiques
Qui filtres du sommet des sagesses antiques,
Et qu'on trouve à mi-côte alors qu'on y gravit,
Clair, à l'ombre, épandu sur l'herbe qui revit,
Tu me plais, doux poète au flot calme et limpide!
Quand le sentier qui monte aux cîmes est rapide,

Bien souvent, fatigués du soleil, nous aimons
Boire au petit ruisseau tamisé par les monts!

Août 1835.

XX.

1.

L'aurore s'allume,
L'ombre épaisse fuit;
Le rêve et la brume
Vont où va la nuit;
Paupières et roses
S'ouvrent demi-closes;

Du réveil des choses
On entend le bruit.

Tout chante et murmure,
Tout parle à la fois,
Fumée et verdure,
Les nids et les toits;
Le vent parle aux chênes,
L'eau parle aux fontaines;
Toutes les haleines
Deviennent des voix!

Tout reprend son âme,
L'enfant son hochet,
Le foyer sa flamme,
Le luth son archet;
Folie ou démence,
Dans le monde immense,

Chacun recommence
Ce qu'il ébauchait.

Qu'on pense ou qu'on aime,
Sans cesse agité,
Vers un but suprême,
Tout vole emporté;
L'esquif cherche un môle,
L'abeille un vieux saule,
La boussole un pôle,
Moi la vérité!

II.

Vérité profonde!
Granit éprouvé

Qu'au fond de toute onde
Mon ancre a trouvé!
De ce monde sombre
Où passent dans l'ombre
Des songes sans nombre,
Plafond et pavé!

Vérité, beau fleuve
Que rien ne tarit!
Source où tout s'abreuve!
Tige où tout fleurit!
Lampe que Dieu pose
Près de toute cause!
Clarté que la chose
Envoie à l'esprit!

Arbre à rude écorce,
Chêne au vaste front,

Que selon sa force
L'homme ploie ou rompt ;
D'où l'ombre s'épanche ;
Où chacun se penche,
L'un sur une branche,
L'autre sur le tronc !

Mont d'où tout ruisselle !
Gouffre où tout s'en va !
Sublime étincelle
Que fait Jéhova !
Rayon qu'on blasphème !
OEil calme et suprême
Qu'au front de Dieu même
L'homme un jour creva !

III.

O terre, ô merveilles
Dont l'éclat joyeux
Emplit nos oreilles,
Éblouit nos yeux !
Bords où meurt la vague,
Bois qu'un souffle élague,
De l'horizon vague
Plis mystérieux !

Azur dont se voile
L'eau du gouffre amer,
Quand, laissant ma voile
Fuir au gré de l'air,

DU CRÉPUSCULE.

Penché sur la lame,
J'écoute avec l'âme
Cet épithalame
Que chante la mer !

Azur non moins tendre
Du ciel qui sourit,
Quand, tâchant d'entendre
Ce que dit l'esprit,
Je cherche, ô nature,
La parole obscure
Que le vent murmure,
Que l'étoile écrit !

Création pure !
Être universel !
Océan, ceinture
De tout sous le ciel !

Astres que fait naître
Le souffle du maître,
Fleurs où Dieu peut-être
Cueille quelque miel !

O champs ! ô feuillages !
Monde fraternel !
Clocher des villages
Humble et solennel !
Mont qui portes l'aire !
Aube fraîche et claire,
Sourire éphémère
De l'astre éternel !

N'êtes-vous qu'un livre
Sans fin ni milieu,
Où chacun pour vivre
Cherche à lire un peu ?

Phrase si profonde
Qu'en vain on la sonde !
L'œil y voit un monde,
L'âme y trouve un Dieu !

Beau livre qu'achèvent
Les cœurs ingénus ;
Où les penseurs rêvent
Des sens inconnus ;
Où ceux que Dieu charge
D'un front vaste et large
Écrivent en marge :
Nous sommes venus !

Saint livre où la voile
Qui flotte en tous lieux,
Saint livre où l'étoile
Qui rayonne aux yeux,

Ne trace, ô mystère!
Qu'un nom solitaire,
Qu'un nom sur la terre,
Qu'un nom dans les cieux!

Livre salutaire
Où le cœur s'emplit!
Où tout sage austère
Travaille et pâlit!
Dont le sens rebelle
Parfois se révèle!
Pythagore épèle
Et Moïse lit!

Décembre 1834.

XXI.

Hier, la nuit d'été, qui nous prêtait ses voiles,
Était digne de toi, tant elle avait d'étoiles!
Tant son calme était frais, tant son souffle était doux!
Tant elle éteignait bien ses rumeurs apaisées!
Tant elle répandait d'amoureuses rosées
      Sur les fleurs et sur nous!

Moi, j'étais devant toi, plein de joie et de flamme,
Car tu me regardais avec toute ton âme!

J'admirais la beauté dont ton front se revêt ;
Et sans même qu'un mot révélât ta pensée,
La tendre rêverie en ton cœur commencée
    Dans mon cœur s'achevait !

Et je bénissais Dieu, dont la grâce infinie
Sur la nuit et sur toi jeta tant d'harmonie,
Qui, pour me rendre calme et pour me rendre heureux,
Vous fit, la nuit et toi, si belles et si pures,
Si pleines de rayons, de parfums, de murmures,
    Si douces toutes deux !

Oh ! oui, bénissons Dieu dans notre foi profonde !
C'est lui qui fit ton âme et qui créa le monde !
Lui qui charme mon cœur ! lui qui ravit mes yeux !
C'est lui que je retrouve au fond de tout mystère !
C'est lui qui fait briller ton regard sur la terre
    Comme l'étoile aux cieux !

DU CRÉPUSCULE.

C'est Dieu qui mit l'amour au bout de toute chose,
L'amour en qui tout vit, l'amour sur qui tout pose !
C'est Dieu qui fait la nuit plus belle que le jour.
C'est Dieu qui sur ton corps, ma jeune souveraine,
A versé la beauté comme une coupe pleine,
  Et dans mon cœur l'amour !

Laisse-toi donc aimer ! — Oh ! l'amour, c'est la vie.
C'est tout ce qu'on regrette et tout ce qu'on envie
Quand on voit sa jeunesse au couchant décliner.
Sans lui rien n'est complet, sans lui rien ne rayonne.
La beauté c'est le front, l'amour c'est la couronne :
  Laisse-toi couronner !

Ce qui remplit une âme, hélas ! tu peux m'en croire,
Ce n'est pas un peu d'or, ni même un peu de gloire,
Poussière que l'orgueil rapporte des combats ;
Ni l'ambition folle, occupée aux chimères,

Qui ronge tristement les écorces amères
    Des choses d'ici-bas ;

Non, il lui faut, vois-tu, l'hymen de deux pensées,
Les soupirs étouffés, les mains long-temps pressées,
Le baiser, parfum pur, enivrante liqueur,
Et tout ce qu'un regard dans un regard peut lire.
Et toutes les chansons de cette douce lyre
    Qu'on appelle le cœur !

Il n'est rien sous le ciel qui n'ait sa loi secrète,
Son lieu cher et choisi, son abri, sa retraite,
Où mille instincts profonds nous fixent nuit et jour ;
Le pêcheur a la barque où l'espoir l'accompagne,
Les cygnes ont le lac, les aigles la montagne,
    Les âmes ont l'amour !

    Mai 18...

NOUVELLE CHANSON

SUR UN VIEIL AIR.

XXII.

NOUVELLE CHANSON

SUR UN VIEIL AIR.

S'il est un charmant gazon
    Que le ciel arrose,
Où brille en toute saison
    Quelque fleur éclose,
Où l'on cueille à pleine main
Lys, chèvre-feuille et jasmin,
J'en veux faire le chemin
    Où ton pied se pose !

S'il est un sein bien aimant
  Dont l'honneur dispose,
Dont le ferme dévouement
  N'ait rien de morose,
Si toujours ce noble sein
Bat pour un digne dessein,
J'en veux faire le coussin
  Où ton front se pose !

S'il est un rêve d'amour,
  Parfumé de rose,
Où l'on trouve chaque jour
  Quelque douce chose,
Un rêve que Dieu bénit,
Où l'âme à l'âme s'unit,
Oh ! j'en veux faire le nid
  Où ton cœur se pose !

Février 18. .

AUTRE CHANSON.

XXIII.

AUTRE CHANSON.

L'aube naît et ta porte est close!
Ma belle, pourquoi sommeiller?
A l'heure où s'éveille la rose
Ne vas-tu pas te réveiller?

   O ma charmante,
    Ecoute ici

L'amant qui chante
Et pleure aussi !

Tout frappe à ta porte bénie ;
L'aurore dit : Je suis le jour !
L'oiseau dit : Je suis l'harmonie !
Et mon cœur dit : Je suis l'amour !

O ma charmante,
Écoute ici
L'amant qui chante
Et pleure aussi !

Je t'adore ange et t'aime femme.
Dieu qui par toi m'a complété
A fait mon amour pour ton âme
Et mon regard pour ta beauté !

DU CRÉPUSCULE.

O ma charmante,
Écoute ici
L'amant qui chante
Et pleure aussi!

Février 18...

XXIV.

Oh! pour remplir de moi ta rêveuse pensée,
Tandis que tu m'attends, par la marche lassée,
Sous l'arbre au bord du lac, loin des yeux importuns,
Tandis que sous tes pieds l'odorante vallée,
Toute pleine de brume au soleil envolée,
Fume comme un beau vase où brûlent des parfums;

Que tout ce que tu vois, les coteaux et les plaines,
Les doux buissons de fleurs aux charmantes haleines,
   La vitre au vif éclair,

Le pré vert, le sentier qui se noue aux villages,
Et le ravin profond débordant de feuillages
    Comme d'ondes la mer,

Que le bois, le jardin, la maison, la nuée,
Dont midi ronge au loin l'ombre diminuée,
Que tous les points confus qu'on voit là bas trembler,
Que la branche aux fruits mûrs, que la feuille séchée,
Que l'automne, déjà par septembre ébauchée,
Que tout ce qu'on entend ramper, marcher, voler,

Que ce réseau d'objets qui t'entoure et te presse,
Et dont l'arbre amoureux qui sur ton front se dresse
    Est le premier chaînon ;
Herbe et feuille, onde et terre, ombre, lumière et flamme,
Que tout prenne une voix, que tout devienne une âme,
    Et te dise mon nom !

    Enghien. Septembre 18...

XXV.

Puisque j'ai mis ma lèvre à ta coupe encor pleine ;
Puisque j'ai dans tes mains posé mon front pâli ;
Puisque j'ai respiré parfois la douce haleine
De ton âme, parfum dans l'ombre enseveli ;

Puisqu'il me fut donné de t'entendre me dire
Les mots où se répand le cœur mystérieux ;

Puisque j'ai vu pleurer, puisque j'ai vu sourire
Ta bouche sur ma bouche et tes yeux sur mes yeux ;

Puisque j'ai vu briller sur ma tête ravie
Un rayon de ton astre, hélas ! voilé toujours ;
Puisque j'ai vu tomber dans l'onde de ma vie
Une feuille de rose arrachée à tes jours ;

Je puis maintenant dire aux rapides années :
— Passez ! passez toujours ! je n'ai plus à vieillir !
Allez-vous-en avec vos fleurs toutes fanées ;
J'ai dans l'âme une fleur que nul ne peut cueillir !

Votre aile en le heurtant ne fera rien répandre
Du vase où je m'abreuve et que j'ai bien rempli.
Mon âme a plus de feu que vous n'avez de cendre !
Mon cœur a plus d'amour que vous n'avez d'oubli !

Janvier 18..

A MADEMOISELLE J.

XXVI.

A MADEMOISELLE J.

Chantez ! chantez ! jeune inspirée !
La femme qui chante est sacrée
Même aux jaloux, même aux pervers !
La femme qui chante est bénie !
Sa beauté défend son génie.
Les beaux yeux sauvent les beaux vers !

Moi que déchire tant de rage,
J'aime votre aube sans orage ;
Je souris à vos yeux sans pleurs.
Chantez donc vos chansons divines.
A moi la couronne d'épines !
A vous la couronne de fleurs !

Il fut un temps, un temps d'ivresse,
Où l'aurore qui vous caresse
Rayonnait sur mon beau printemps ;
Où l'orgueil, la joie et l'extase,
Comme un vin pur d'un riche vase,
Débordaient de mes dix-sept ans !

Alors, à tous mes pas présente,
Une chimère éblouissante
Fixait sur moi ses yeux dorés ;

Alors, prés verts, ciels bleus, eaux vives,
Dans les riantes perspectives
Mes regards flottaient égarés !

Alors je disais aux étoiles :
O mon astre, en vain tu te voiles.
Je sais que tu brilles là-haut !
Alors je disais à la rive :
Vous êtes la gloire, et j'arrive.
Chacun de mes jours est un flot !

Je disais au bois : forêt sombre,
J'ai comme toi des bruits sans nombre.
A l'aigle : contemple mon front !
Je disais aux coupes vidées :
Je suis plein d'ardentes idées
Dont les âmes s'enivreront !

Alors, du fond de vingt calices,
Rosée, amour, parfums, délices,
Se répandaient sur mon sommeil;
J'avais des fleurs plein mes corbeilles;
Et comme un vif essaim d'abeilles,
Mes pensers volaient au soleil!

Comme un clair de lune bleuâtre
Et le rouge brasier du pâtre
Se mirent au même ruisseau;
Comme dans les forêts mouillées,
A travers le bruit des feuillées
On entend le bruit d'un oiseau;

Tandis que tout me disait : Aime!
Écoutant tout hors de moi-même,
Ivre d'harmonie et d'encens,

J'entendais, ravissant murmure,
Le chant de toute la nature
Dans le tumulte de mes sens !

Et roses par avril fardées,
Nuits d'été de lune inondées,
Sentiers couverts de pas humains,
Tout, l'écueil aux hanches énormes,
Et les vieux troncs d'arbres difformes
Qui se penchent sur les chemins,

Me parlaient cette langue austère,
Langue de l'ombre et du mystère,
Qui demande à tous : Que sait-on ?
Qui, par moments presque étouffée,
Chante des notes pour Orphée,
Prononce des mots pour Platon !

La terre me disait : Poète !
Le ciel me répétait : Prophète !
Marche ! parle ! enseigne ! bénis !
Penche l'urne des chants sublimes !
Verse aux vallons noirs comme aux cimes,
Dans les aires et dans les nids !

Ces temps sont passés. — A cette heure,
Heureux pour quiconque m'effleure,
Je suis triste au dedans de moi ;
J'ai sous mon toit un mauvais hôte :
Je suis la tour splendide et haute
Qui contient le sombre beffroi.

L'ombre en mon cœur s'est épanchée ;
Sous mes prospérités cachée
La douleur pleure en ma maison ;

Un ver ronge ma grappe mûre ;
Toujours un tonnerre murmure
Derrière mon vague horizon !

L'espoir mène à des portes closes.
Cette terre est pleine de choses
Dont nous ne voyons qu'un côté.
Le sort de tous nos vœux se joue;
Et la vie est comme la roue
D'un char dans la poudre emporté !

A mesure que les années,
Plus pâles et moins couronnées,
Passent sur moi du haut du ciel,
Je vois s'envoler mes chimères
Comme des mouches éphémères
Qui n'ont pas su faire de miel !

Vainement j'attise en moi-même
L'amour, ce feu doux et suprême
Qui brûle sur tous les trépieds,
Et toute mon âme enflammée
S'en va dans le ciel en fumée
Ou tombe en cendre sous mes pieds !

Mon étoile a fui sous la nue.
La rose n'est plus revenue
Se poser sur mon rameau noir.
Au fond de la coupe est la lie,
Au fond des rêves la folie,
Au fond de l'aurore le soir !

Toujours quelque bouche flétrie,
Souvent par ma pitié nourrie,
Dans tous mes travaux m'outragea.

Aussi que de tristes pensées,
Aussi que de cordes brisées
Pendent à ma lyre déjà !

Mon avril se meurt feuille à feuille ;
Sur chaque branche que je cueille
Croît l'épine de la douleur ;
Toute herbe a pour moi sa couleuvre ;
Et la haine monte à mon œuvre
Comme un bouc au cytise en fleur !

La nature grande et touchante,
La nature qui vous enchante
Blesse mes regards attristés.
Le jour est dur, l'aube est meilleure.
Hélas ! la voix qui me dit : Pleure !
Est celle qui vous dit : Chantez !

Chantez ! chantez ! belle inspirée !
Saluez cette aube dorée
Qui jadis aussi m'enivra.
Tout n'est pas sourire et lumière.
Quelque jour de votre paupière
Peut-être une larme éclora !

Alors je vous plaindrai, pauvre âme !
Hélas ! les larmes d'une femme,
Ces larmes où tout est amer,
Ces larmes où tout est sublime,
Viennent d'un plus profond abîme
Que les gouttes d'eau de la mer !

Mars 18...

XXVII.

La pauvre fleur disait au papillon céleste :
— Ne fuis pas !
Vois comme nos destins sont différents. Je reste,
Tu t'en vas !

Pourtant nous nous aimons, nous vivons sans les hommes
Et loin d'eux,

Et nous nous ressemblons, et l'on dit que nous sommes
Fleurs tous deux!

Mais, hélas! l'air t'emporte et la terre m'enchaîne.
Sort cruel!
Je voudrais embaumer ton vol de mon haleine
Dans le ciel!

Mais non, tu vas trop loin! — Parmi des fleurs sans nombre
Vous fuyez,
Et moi je reste seule à voir tourner mon ombre
A mes pieds!

Tu fuis, puis tu reviens, puis tu t'en vas encore
Luire ailleurs.
Aussi me trouves-tu toujours à chaque aurore
Toute en pleurs!

DU CRÉPUSCULE.

Oh ! pour que notre amour coule des jours fidèles,
  O mon roi,
Prends comme moi racine, ou donne-moi des ailes
  Comme à toi !

ENVOI A ***.

Roses et papillons, la tombe nous rassemble
    Tôt ou tard.
Pourquoi l'attendre, dis? Veux-tu pas vivre ensemble
    Quelque part?

Quelque part dans les airs, si c'est là que se berce
    Ton essor!

Aux champs, si c'est aux champs que ton calice verse
Son trésor !

Où tu voudras ! qu'importe ! oui, que tu sois haleine
Ou couleur,
Papillon rayonnant, corolle à demi pleine,
Aile ou fleur !

Vivre ensemble, d'abord ! c'est le bien nécessaire
Et réel.
Après on peut choisir au hasard, ou la terre
Ou le ciel !

Septembre 18...

AU BORD DE LA MER.

XXVIII.

AU BORD DE LA MER.

Vois, ce spectacle est beau. — Ce paysage immense
Qui toujours devant nous finit et recommence ;
Ces blés, ces eaux, ces prés, ce bois charmant aux yeux ;
Ce chaume où l'on entend rire un groupe joyeux ;
L'océan qui s'ajoute à la plaine où nous sommes ;
Ce golfe, fait par Dieu, puis refait par les hommes,

Montrant la double main empreinte en ses contours,
Et des amas de rocs sous des monceaux de tours;
Ces landes, ces forêts, ces crêtes déchirées;
Ces antres a fleur d'eau qui boivent les marées;
Cette montagne, au front de nuages couvert,
Qui dans un de ses plis porte un beau vallon vert,
Comme un enfant des fleurs dans un pan de sa robe;
La ville que la brume à demi nous dérobe,
Avec ses mille toits bourdonnants et pressés;
Ce bruit de pas sans nombre et de rameaux froissés,
De voix et de chansons qui par moments s'élève;
Ces lames que la mer amincit sur la grève,
Où les longs cheveux verts des sombres goëmons
Tremblent dans l'eau moirée avec l'ombre des monts;
Cet oiseau qui voyage et cet oiseau qui joue;
Ici, cette charrue, et là-bas, cette proue,
Traçant en même temps chacune leur sillon;
Ces arbres et ces mâts, jouets de l'aquilon;
Et là-bas, par-delà les collines lointaines,
Ces horizons remplis de formes incertaines:

Tout ce que nous voyons, brumeux ou transparent,
Flottant dans les clartés, dans les ombres errant,
Fuyant, debout, penché, fourmillant, solitaire,
Vagues, rochers, gazons, — regarde, c'est la terre!

Et là-haut, sur ton front, ces nuages si beaux
Où pend et se déchire une pourpre en lambeaux ;
Cet azur, qui ce soir sera l'ombre infinie;
Cet espace qu'emplit l'éternelle harmonie;
Ce merveilleux soleil, ce soleil radieux,
Si puissant à changer toute forme à nos yeux
Que parfois, transformant en métaux les bruines,
On ne voit plus dans l'air que splendides ruines,
Entassements confus, amas étincelants
De cuivres et d'airains l'un sur l'autre croulants,
Cuirasses, boucliers, armures dénouées,
Et caparaçons d'or aux croupes des nuées ;

L'éther, cet océan si liquide et si bleu,
Sans rivage et sans fond, sans borne et sans milieu,
Que l'oscillation de toute haleine agite,
Où tout ce qui respire, ou remue, ou gravite,
A sa vague et son flot, à d'autres flots uni,
Où passent à la fois, mêlés dans l'infini,
Air tiède et vents glacés, aubes et crépuscules,
Brises d'hiver, ardeur des chaudes canicules,
Les parfums de la fleur et ceux de l'encensoir,
Les astres scintillant sur la robe du soir,
Et les brumes de gaze, et la douteuse étoile,
Paillette qui se perd dans les plis noirs du voile,
La clameur des soldats qu'enivre le tambour,
Le froissement du nid qui tressaille d'amour,
Les souffles, les échos, les brouillards, les fumées,
Mille choses que l'homme encor n'a pas nommées,
Les flots de la lumière et les ondes du bruit,
Tout ce qu'on voit le jour, tout ce qu'on sent la nuit;
Eh bien! nuage, azur, espace, éther, abîmes,
Ce fluide océan, ces régions sublimes

Toutes pleines de feux, de lueurs, de rayons,
Où l'âme emporte l'homme, où tous deux nous fuyons,
Où volent sur nos fronts, selon des lois profondes,
Près de nous les oiseaux et loin de nous les mondes,
Cet ensemble ineffable, immense, universel,
Formidable et charmant, — contemple, c'est le ciel !

Oh oui ! la terre est belle et le ciel est superbe ;
Mais quand ton sein palpite et quand ton œil reluit,
Quand ton pas gracieux court si léger sur l'herbe,
Que le bruit d'une lyre est moins doux que son bruit ;

Lorsque ton frais sourire, aurore de ton âme,
Se lève rayonnant sur moi qu'il rajeunit,

Et de ta bouche rose, où naît sa douce flamme,
Monte jusqu'à ton front comme l'aube au zénith;

Quand, parfois, sans te voir, ta jeune voix m'arrive,
Disant des mots confus qui m'échappent souvent,
Bruit d'une eau qui se perd sous l'ombre de sa rive,
Chanson d'oiseau caché qu'on écoute en rêvant;

Lorsque ma poésie, insultée et proscrite,
Sur ta tête un moment se repose en chemin;
Quand ma pensée en deuil sous la tienne s'abrite,
Comme un flambeau de nuit sous une blanche main;

Quand nous nous asseyons tous deux dans la vallée;
Quand ton âme, soudain apparue en tes yeux,
Contemple, avec les pleurs d'une sœur exilée,
Quelque vertu sur terre ou quelque étoile aux cieux;

DU CRÉPUSCULE.

Quand brille sous tes cils, comme un feu sous les branches,
Ton beau regard, terni par de longues douleurs ;
Quand sur les maux passés tout à coup tu te penches,
Que tu veux me sourire et qu'il te vient des pleurs ;

Quand mon corps et ma vie à ton souffle résonnent,
Comme un tremblant clavier qui vibre à tout moment ;
Quand tes doigts, se posant sur mes doigts qui frissonnent,
Font chanter dans mon cœur un céleste instrument ;

Lorsque je te contemple, ô mon charme suprême !
Quand ta noble nature, épanouie aux yeux,
Comme l'ardent buisson qui contenait Dieu même,
Ouvre toutes ses fleurs et jette tous ses feux ;

Ce qui sort à la fois de tant de douces choses,
Ce qui de ta beauté s'exhale nuit et jour,

Comme un parfum formé du souffle de cent roses;
C'est bien plus que la terre et le ciel, — c'est l'amour!

Octobre 18...

XXIX.

Puisque nos heures sont remplies
De trouble et de calamités ;
Puisque les choses que tu lies
Se détachent de tous côtés ;

Puisque nos pères et nos mères
Sont allés où nous irons tous ;
Puisque des enfants, têtes chères,
Se sont endormis avant nous ;

Puisque la terre où tu t'inclines
Et que tu mouilles de tes pleurs,
A déjà toutes nos racines
Et quelques-unes de nos fleurs ;

Puisqu'à la voix de ceux qu'on aime
Ceux qu'on aima mêlent leur voix ;
Puisque nos illusions même
Sont pleines d'ombres d'autrefois ;

Puisqu'à l'heure où l'on boit l'extase
On sent la douleur déborder ;
Puisque la vie est comme un vase
Qu'on ne peut emplir ni vider ;

Puisqu'à mesure qu'on avance
Dans plus d'ombre on se sent flotter ;
Puisque la menteuse espérance
N'a plus de conte à nous conter ;

DU CRÉPUSCULE.

Puisque le cadran, quand il sonne,
Ne nous promet rien pour demain;
Puisqu'on ne connaît plus personne
De ceux qui vont dans le chemin;

Mets ton esprit hors de ce monde !
Mets ton rêve ailleurs qu'ici-bas !
Ta perle n'est pas dans notre onde !
Ton sentier n'est point sous nos pas !

Quand la nuit n'est pas étoilée,
Viens te bercer aux flots des mers;
Comme la mort elle est voilée,
Comme la vie ils sont amers.

L'ombre et l'abîme ont un mystère
Que nul mortel ne pénétra;
C'est Dieu qui leur dit de se taire
Jusqu'au jour où tout parlera !

D'autres yeux de ces flots sans nombre
Ont vainement cherché le fond !
D'autres yeux se sont emplis d'ombre
A contempler ce ciel profond !

Toi, demande au monde nocturne
De la paix pour ton cœur désert !
Demande une goutte à cette urne !
Demande un chant à ce concert !

Plane au-dessus des autres femmes,
Et laisse errer tes yeux si beaux
Entre le ciel où sont les âmes
Et la terre où sont les tombeaux !

Février 18...

ESPOIR EN DIEU.

XXX.

ESPOIR EN DIEU.

Espère, enfant! demain! et puis demain encore!
Et puis toujours demain! croyons dans l'avenir.
Espère! et chaque fois que se lève l'aurore,
Soyons là pour prier comme Dieu pour bénir!

Nos fautes, mon pauvre ange, ont causé nos souffrances.
Peut-être qu'en restant bien long-temps à genoux,

Quand il aura béni toutes les innocences,
Puis tous les repentirs, Dieu finira par nous!

Octobre 18...

XXXI.

Puisque mai tout en fleurs dans les prés nous réclame,
Viens! ne te lasse pas de mêler à ton âme
La campagne, les bois, les ombrages charmants,
Les larges clairs de lune au bord des flots dormants,
Le sentier qui finit où le chemin commence,
Et l'air et le printemps et l'horizon immense,

LES CHANTS DU CRÉPUSCULE.

L'horizon que ce monde attache humble et joyeux
Comme une lèvre au bas de la robe des cieux !
Viens ! et que le regard des pudiques étoiles
Qui tombe sur la terre à travers tant de voiles,
Que l'arbre pénétré de parfums et de chants,
Que le souffle embrasé de midi dans les champs,
Et l'ombre et le soleil, et l'onde et la verdure,
Et le rayonnement de toute la nature
Fassent épanouir, comme une double fleur,
La beauté sur ton front et l'amour dans ton cœur !

Mai 18..

A LOUIS B.....

XXXII.

A LOUIS B.....

Ami, le voyageur que vous avez connu,
Et dont tant de douleurs ont mis le cœur à nu,
Monta, comme le soir s'épanchait sur la terre,
Triste et seul, dans la tour lugubre et solitaire;
Tour sainte où la pensée est mêlée au granit,
Où l'homme met son âme, où l'oiseau fait son nid!

Il gravit la spirale aux marches presque usées,
Dont le mur s'entr'ouvrait aux bises aiguisées,
Sans regarder les toits amoindris sous ses pieds ;
Puis entra sous la voûte aux arceaux étayés,
Où la cloche, attendant la prière prochaine,
Dormait, oiseau d'airain, dans sa cage de chêne !

Vaste et puissante cloche au battant monstrueux !
Un câble aux durs replis chargeait son cou noueux.
L'œil qui s'aventurait sous sa coupole sombre
Y voyait s'épaissir de larges cercles d'ombre.
Les reflets sur ses bords se fondaient mollement.
Au fond tout était noir. De moment en moment
Sous cette voûte obscure où l'air vibrait encore
On sentait remuer comme un lambeau sonore.
On entendait des bruits glisser sur les parois.
Comme si, se parlant d'une confuse voix,

Dans cette ombre, où dormaient leurs légions ailées,
Les notes chuchotaient à demi réveillées.
Bruits douteux pour l'oreille et de l'âme écoutés !
Car même en sommeillant, sans souffle et sans clartés,
Toujours le volcan fume et la cloche soupire ;
Toujours de cet airain la prière transpire,
Et l'on n'endort pas plus la cloche aux sons pieux
Que l'eau sur l'océan ou le vent dans les cieux !

La cloche, écho du ciel placé près de la terre !
Voix grondante qui parle à côté du tonnerre,
Faite pour la cité comme lui pour la mer !
Vase plein de rumeur qui se vide dans l'air !

Sur cette cloche, auguste et sévère surface,
Hélas ! chaque passant avait laissé sa trace.
Partout des mots impurs creusés dans le métal
Rompaient l'inscription du baptême natal.

On distinguait encore, au sommet ciselée,
Une couronne à coups de couteau mutilée.
Chacun, sur cet airain par Dieu même animé,
Avait fait son sillon où rien n'avait germé!
Ils avaient semé là, ceux-ci leur vie immonde,
Ceux-là leurs vœux perdus comme une onde dans l'onde,
D'autres l'amour des sens dans la fange accroupi,
Et tous l'impiété, ce chaume sans épi.
Tout était profané dans la cloche bénie.
La rouille s'y mêlait, autre amère ironie!
Sur le nom du Seigneur l'un avait mis son nom!
Où le prêtre dit oui, l'autre avait écrit non!
Lâche insulte! affront vil! vain outrage d'une heure
Que fait tout ce qui passe à tout ce qui demeure!

Alors, tandis que l'air se jouait dans les cieux,
Et que sur les chemins gémissaient les essieux,
Que les champs exhalaient leurs senteurs embaumées,
Les hommes leurs rumeurs et les toits leurs fumées,

Il sentit, à l'aspect du bronze monument,
Comme un arbre inquiet qui sent confusément
Des ailes se poser sur ses feuilles froissées,
S'abattre sur son front un essaim de pensées.

I.

Seule en ta sombre tour aux faîtes dentelés,
D'où ton souffle descend sur les toits ébranlés,
O cloche suspendue au milieu des nuées,
Par ton vaste roulis si souvent remuées,
Tu dors en ce moment dans l'ombre, et rien ne luit
Sous ta voûte profonde où sommeille le bruit!
Oh! tandis qu'un esprit qui jusqu'à toi s'élance,
Silencieux aussi, contemple ton silence,

Sens-tu, par cet instinct vague et plein de douceur
Qui révèle toujours une sœur à la sœur,
Qu'à cette heure où s'endort la soirée expirante,
Une âme est près de toi, non moins que toi vibrante,
Qui bien souvent aussi jette un bruit solennel,
Et se plaint dans l'amour comme toi dans le ciel!

II.

Oh! dans mes premiers temps de jeunesse et d'aurore,
Lorsque ma conscience était joyeuse encore,
Sur son vierge métal mon âme avait aussi
Son auguste origine écrite comme ici,
Et sans doute à côté quelque inscription sainte,
Et, n'est-ce pas, ma mère? une couronne empreinte!
Mais des passants aussi, d'impérieux passants
Qui vont toujours au cœur par le chemin des sens,

Qui, lorsque le hasard jusqu'à nous les apporte,
Montent notre escalier et poussent notre porte,
Qui viennent bien souvent trouver l'homme au saint lieu,
Et qui le font tinter pour d'autres que pour Dieu ;
Les passions, hélas! tourbe un jour accourue,
Pour visiter mon âme ont monté de la rue,
Et de quelque couteau se faisant un burin,
Sans respect pour le Verbe écrit sur son airain,
Toutes, mêlant ensemble injure, erreur, blasphème,
L'ont rayée en tous sens comme ton bronze même,
Où le nom du Seigneur, ce nom grand et sacré,
N'est pas plus illisible et plus défiguré!

III.

Mais qu'importe à la cloche et qu'importe à mon âme!
Qu'à son heure, à son jour, l'esprit saint les réclame,

Les touche l'une et l'autre et leur dise : chantez !
Soudain, par toute voie et de tous les côtés,
De leur sein ébranlé, rempli d'ombres obscures,
A travers leur surface, à travers leurs souillures,
Et la cendre et la rouille, amas injurieux,
Quelque chose de grand s'épandra dans les cieux !

Ce sera l'hosanna de toute créature !
Ta pensée, ô Seigneur ! ta parole, ô nature !
Oui, ce qui sortira, par sanglots, par éclairs,
Comme l'eau du glacier, comme le vent des mers,
Comme le jour à flots des urnes de l'aurore,
Ce qu'on verra jaillir, et puis jaillir encore,
Du clocher toujours droit, du front toujours debout,
Ce sera l'harmonie immense qui dit tout !
Tout ! les soupirs du cœur, les élans de la foule ;
Le cri de ce qui monte et de ce qui s'écroule ;
Le discours de chaque homme à chaque passion ;
L'adieu qu'en s'en allant chante l'illusion ;

DU CRÉPUSCULE.

L'espoir éteint; la barque échouée à la grève;
La femme qui regrette et la vierge qui rêve;
La vertu qui se fait de ce que le malheur
A de plus douloureux, hélas! et de meilleur;
L'autel enveloppé d'encens et de fidèles;
Les mères retenant les enfants auprès d'elles;
La nuit qui chaque soir fait taire l'univers
Et ne laisse ici-bas la parole qu'aux mers;
Les couchants flamboyants; les aubes étoilées;
Les heures de soleil et de lune mêlées;
Et les monts et les flots proclamant à la fois
Ce grand nom qu'on retrouve au fond de toute voix;
Et l'hymne inexpliqué qui, parmi des bruits d'ailes,
Va de l'aire de l'aigle au nid des hirondelles;
Et ce cercle dont l'homme a sitôt fait le tour,
L'innocence, la foi, la prière et l'amour!
Et l'éternel reflet de lumière et de flamme
Que l'âme verse au monde et que Dieu verse à l'âme!

IV.

Oh! c'est alors qu'émus et troublés par ces chants,
Le peuple dans la ville et l'homme dans les champs,
Et le sage attentif aux voix intérieures,
A qui l'éternité fait oublier les heures,
S'inclinent en silence; et que l'enfant joyeux
Court auprès de sa mère et lui montre les cieux;
C'est alors que chacun sent un baume qui coule
Sur tous ses maux cachés; c'est alors que la foule
Et le cœur isolé qui souffre obscurément
Boivent au même vase un même enivrement;
Et que la vierge, assise au rebord des fontaines,
Suspend sa rêverie à ces rumeurs lointaines;
C'est alors que les bons, les faibles, les méchants,
Tous à la fois, la veuve en larmes, les marchands

Dont l'échoppe a poussé sous le sacré portique
Comme un champignon vil au pied d'un chêne antique,
Et le croyant soumis, prosterné sous la tour,
Écoutent, effrayés et ravis tour à tour,
Comme on rêve au bruit sourd d'une mer écumante,
La grande âme d'airain qui là-haut se lamente!

V.

Hymne de la nature et de l'humanité!
Hymne par tout écho sans cesse répété!
Grave, inouï, joyeux, désespéré, sublime!
Hymne qui des hauts lieux ruisselle dans l'abîme,
Et qui, des profondeurs du gouffre harmonieux,
Comme une onde en brouillard, remonte dans les cieux!
Cantique qu'on entend sur les monts, dans les plaines,
Passer, chanter, pleurer par toutes les haleines,

Ecumer dans le fleuve et frémir dans les bois,
A l'heure où nous voyons s'allumer à la fois,
Au bord du ravin sombre, au fond du ciel bleuâtre,
L'étoile du berger avec le feu du pâtre !
Hymne qui le matin s'évapore des eaux,
Et qui le soir s'endort dans le nid des oiseaux !
Verbe que dit la cloche aux cloches ébranlées,
Et que l'âme redit aux âmes consolées !
Psaume immense et sans fin que ne traduiraient pas
Tous les mots fourmillants des langues d'ici-bas,
Et qu'exprime en entier dans un seul mot suprême
Celui qui dit : je prie, et celui qui dit : j'aime !

Et ce psaume éclatant, cet hymne aux chants vainqueurs
Qui tinte dans les airs moins haut que dans les cœurs,
Pour sortir plus à flots de leurs gouffres sonores,
De l'âme et de la cloche ouvrira tous les pores.
Toutes deux le diront d'une ineffable voix,
Pure comme le bruit des sources dans les bois,

Chaste comme un soupir de l'amour qui s'ignore,
Vierge comme le chant que chante chaque aurore.
Alors tout parlera dans les deux instruments
D'amour et d'harmonie et d'extase écumants.
Alors, non-seulement ce qui sur leur surface
Reste du Verbe saint que chaque jour efface,
Mais tout ce que grava dans leur bronze souillé
Le passant imbécile avec son clou rouillé,
L'ironie et l'affront, les mots qui perdent l'âme,
La couronne tronquée et devenue infâme,
Tout puisant vie et souffle en leurs vibrations,
Tout se transfigurant dans leurs commotions,
Mêlera, sans troubler l'ensemble séraphique,
Un chant plaintif et tendre à leur voix magnifique!
Oui, le blasphème inscrit sur le divin métal
Dans ce concert sacré perdra son cri fatal;
Chaque mot qui renie et chaque mot qui doute
Dans ce torrent d'amour exprimera sa goutte;
Et, pour faire éclater l'hymne pur et serein,
Rien ne sera souillure et tout sera l'airain!

VI.

Oh ! c'est un beau triomphe à votre loi sublime,
Seigneur, pour vos regards dont le feu nous ranime.
C'est un spectacle auguste, ineffable et bien doux
A l'homme comme à l'ange, à l'ange comme à vous,
Qu'une chose en passant par l'impie avilie,
Qui, dès que votre esprit la touche, se délie,
Et sans même songer à son indigne affront,
Chante, l'amour au cœur et le blasphême au front!

Voilà sur quelle pente, en ruisseaux divisée.
S'écoulait flots à flots l'onde de sa pensée,

Grossie à chaque instant par des sanglots du cœur.
La nuit, que la tristesse aime comme une sœur,
Quand il redescendit, avait couvert le monde;
Il partit; et la vie incertaine et profonde,
Emporta vers des jours plus mauvais ou meilleurs,
Vers des événements amoncelés ailleurs,
Cet homme au flanc blessé, ce front sévère où tremble
Une âme en proie au sort, soumise et tout ensemble
Rebelle au dur battant qui la vient tourmenter,
De verre pour gémir, d'airain pour résister.

Août 1834.

DANS L'ÉGLISE DE ***.

XXXIII.

DANS L'ÉGLISE DE ***.

I.

C'était une humble église au cintre surbaissé,
L'église où nous entrâmes,
Où depuis trois cents ans avaient déjà passé
Et pleuré bien des âmes.

Elle était triste et calme à la chute du jour,
L'église où nous entrâmes ;

L'autel sans serviteur, comme un cœur sans amour,
  Avait éteint ses flammes.

Les antiennes du soir, dont autrefois Saint-Paul
  Réglait les chants fidèles,
Sur les stalles du chœur d'où s'élance leur vol
  Avaient ployé leurs ailes.

L'ardent musicien qui sur tous à pleins bords
  Verse la sympathie,
L'homme-esprit n'était plus dans l'orgue, vaste corps
  Dont l'âme était partie.

La main n'était plus là, qui, vivante et jetant
  Le bruit par tous les pores,
Tout à l'heure pressait le clavier palpitant,
  Plein de notes sonores,

Et les faisait jaillir sous son doigt souverain
  Qui se crispe et s'allonge,
Et ruisseler le long des grands tubes d'airain
  Comme l'eau d'une éponge.

L'orgue majestueux se taisait gravement
  Dans la nef solitaire;
L'orgue, le seul concert, le seul gémissement
  Qui mêle aux cieux la terre!

La seule voix qui puisse, avec le flot dormant
  Et les forêts bénies,
Murmurer ici-bas quelque commencement
  Des choses infinies!

L'église s'endormait à l'heure où tu t'endors,
  O sereine nature!

A peine quelque lampe au fond des corridors
            Étoilait l'ombre obscure.

A peine on entendait flotter quelque soupir,
            Quelque basse parole,
Comme en une forêt qui vient de s'assoupir
            Un dernier oiseau vole ;

Hélas ! et l'on sentait, de moment en moment,
            Sous cette voûte sombre,
Quelque chose de grand, de saint et de charmant
            S'évanouir dans l'ombre !

Elle était triste et calme à la chute du jour
            L'église où nous entrâmes ;
L'autel sans serviteur, comme un cœur sans amour,
            Avait éteint ses flammes.

Votre front se pencha, morne et tremblant alors,
Comme une nef qui sombre,
Tandis qu'on entendait dans la ville au dehors
Passer des voix sans nombre.

II.

Et ces voix qui passaient disaient joyeusement :
« Bonheur ! gaîté ! délices !
» A nous les coupes d'or pleines d'un vin charmant !
» A d'autres les calices !

» Jouissons! l'heure est courte et tout fuit promptement ;
» L'urne est vite remplie !

» Le nœud de l'âme au corps, hélas! à tout moment
» Dans l'ombre se délie!

» Tirons de chaque objet ce qu'il a de meilleur,
» La chaleur de la flamme,
» Le vin du raisin mûr, le parfum de la fleur,
» Et l'amour de la femme!

» Epuisons tout! Usons du printemps enchanté
» Jusqu'au dernier zéphire,
» Du jour jusqu'au dernier rayon, de la beauté
» Jusqu'au dernier sourire!

» Allons jusqu'à la fin de tout, en bien vivant,
» D'ivresses en ivresses.
» Une chose qui meurt, mes amis, a souvent
» De charmantes caresses!

» Dans le vin que je bois, ce que j'aime le mieux
    » C'est la dernière goutte.
» L'enivrante saveur du breuvage joyeux
    » Souvent s'y cache toute !

» Sur chaque volupté pourquoi nous hâter tous,
    » Sans plonger dans son onde,
» Pour voir si quelque perle ignorée avant nous
    » N'est pas sous l'eau profonde?

» Que sert de n'effleurer qu'a peine ce qu'on tient,
    » Quand on a les mains pleines,
» Et de vivre essoufflé comme un enfant qui vient
    » De courir dans les plaines?

» Jouissons à loisir ! Du loisir tout renaît !
    » Le bonheur nous convie !

» Faisons, comme un tison qu'on heurte au dur chenet,
    » Étinceler la vie !

» N'imitons pas ce fou que l'ennui tient aux fers,
    » Qui pleure et qui s'admire.
» Toujours les plus beaux fruits d'ici-bas sont offerts
    » Aux belles dents du rire !

» Les plus tristes d'ailleurs, comme nous qui rions,
    » Souillent parfois leur âme.
» Pour fondre ces grands cœurs il suffit des rayons
    » De l'or ou de la femme.

» Ils tombent comme nous, malgré leur fol orgueil
    » Et leur vaine amertume ;
» Les flots les plus hautains, dès que vient un écueil,
    » S'écroulent en écume !

» Vivons donc! et buvons, du soir jusqu'au matin,
» Pour l'oubli de nous-même!
» Et déployons gaîment la nappe du festin,
» Linceul du chagrin blême!

» L'ombre attachée aux pas du beau plaisir vermeil,
» C'est la tristesse sombre.
» Marchons les yeux toujours tournés vers le soleil;
» Nous ne verrons pas l'ombre!

» Qu'importe le malheur, le deuil, le désespoir,
» Que projettent nos joies,
» Et que derrière nous quelque chose de noir
» Se traîne sur nos voies!

» Nous ne le savons pas. — Arrière les douleurs,
» Et les regrets moroses!

» Faut-il donc, en fanant des couronnes de fleurs,
» Avoir pitié des roses?

» Les vrais biens dans ce monde, — et l'autre est importun! —
» C'est tout ce qui nous fête,
» Tout ce qui met un chant, un rayon, un parfum,
» Autour de notre tête!

» Ce n'est jamais demain, c'est toujours aujourd'hui!
» C'est la joie et le rire!
» C'est un sein éclatant, peut-être plein d'ennui,
» Qu'on baise et qui soupire!

» C'est l'orgie opulente, enviée au-dehors,
» Contente, épanouie,
» Qui rit, et qui chancelle, et qui boit à pleins bords,
» De flambeaux éblouie! »

III.

Et tandis que ces voix, que tout semblait grossir,
    Voix d'une ville entière,
Disaient : Santé, bonheur, joie, orgueil et plaisir!
    Votre œil disait : Prière !

IV.

Elles parlaient tout haut et vous parliez tout bas :
    — « Dieu qui m'avez fait naître,
» Vous m'avez réservée ici pour des combats
    » Dont je tremble, ô mon maître !

» Ayez pitié ! — L'esquif où chancellent mes pas
» Est sans voile et sans rames.
» Comme pour les enfants, pourquoi n'avez-vous pas
» Des anges pour les femmes ?

» Je sais que tous nos jours ne sont rien, Dieu tonnant,
» Devant vos jours sans nombre.
» Vous seul êtes réel, palpable et rayonnant ;
» Tout le reste est de l'ombre.

» Je le sais. Mais cette ombre où nos cœurs sont flottants,
» J'y demande ma route.
» Quelqu'un répondra-t-il ? Je prie, et puis j'attends !
» J'appelle, et puis j'écoute !

» Nul ne vient. Seulement par instants, sous mes pas,
» Je sens d'affreuses trames.

» Comme pour les enfants, pourquoi n'avez-vous pas
  » Des anges pour les femmes?

» Seigneur! autour de moi, ni le foyer joyeux,
  » Ni la famille douce,
» Ni l'orgueilleux palais qui touche presqu'aux cieux,
  » Ni le nid dans la mousse,

» Ni le fanal pieux qui montre le chemin,
  » Ni pitié, ni tendresse,
» Hélas! ni l'amitié qui nous serre la main,
  » Ni l'amour qui la presse,

» Seigneur, autour de moi rien n'est resté debout!
  » Je pleure et je végète,
» Oubliée au milieu des ruines de tout,
  » Comme ce qu'on rejette!

» Pourtant je n'ai rien fait à ce monde d'airain,
   » Vous le savez vous-même.
» Toutes mes actions passent le front serein
   » Devant votre œil suprême.

» Jusqu'à ce que le pauvre en ait pris la moitié,
   » Tout ce que j'ai me pèse.
» Personne ne me plaint. Moi, de tous j'ai pitié.
   » Moi, je souffre et j'apaise!

» Jamais de votre haine ou de votre faveur
   » Je n'ai dit : Que m'importe !
» J'ai toujours au passant que je voyais rêveur
   » Enseigné votre porte.

» Vous le savez. — Pourtant mes pleurs que vous voyez,
   » Seigneur, qui les essuie?

» Tout se rompt sous ma main, tout tremble sous mes pieds,
» Tout croule où je m'appuie.

» Ma vie est sans bonheur, mon berceau fut sans jeux.
» Cette loi, c'est la vôtre !
» Tous les rayons de jour de mon ciel orageux
» S'en vont l'un après l'autre.

» Je n'ai plus même, hélas ! le flux et le reflux
» Des clartés et des ombres.
» Mon esprit chaque jour descend de plus en plus
» Parmi les rêves sombres.

» On dit que sur les cœurs, pleins de trouble et d'effroi,
» Votre grâce s'épanche.
» Soutenez-moi, Seigneur ! Seigneur, soutenez-moi,
» Car je sens que tout penche ! »

V.

Et moi, je contemplais celle qui priait Dieu
      Dans l'enccinte sacrée,
La trouvant grave et douce et digne du saint lieu,
      Cette belle éplorée.

Et je lui dis, tâchant de ne pas la troubler,
      La pauvre enfant qui pleure,
Si par hasard dans l'ombre elle entendait parler
      Quelque autre voix meilleure,

Car au déclin des ans comme au matin des jours,
      Joie, extase ou martyre,

Un autel que rencontre une femme a toujours
   Quelque chose à lui dire!

V.

« O madame! pourquoi ce chagrin qui vous suit,
   » Pourquoi pleurer encore,
» Vous, femme au cœur charmant, sombre comme la nuit,
   » Douce comme l'aurore?

» Qu'importe que la vie, inégale ici-bas
   » Pour l'homme et pour la femme,
» Se dérobe et soit prête à rompre sous vos pas?
   » N'avez-vous pas votre âme?

» Votre âme qui bientôt fuira peut-être ailleurs
    » Vers les régions pures,
» Et vous emportera plus loin que nos douleurs,
    » Plus loin que nos murmures!

» Soyez comme l'oiseau, posé pour un instant
    » Sur des rameaux trop frêles,
» Qui sent ployer la branche et qui chante pourtant,
    » Sachant qu'il a des ailes! »

Octobre 18...

ÉCRIT

SUR

LA PREMIÈRE PAGE D'UN PÉTRARQUE.

XXXIV.

ÉCRIT SUR LA PREMIÈRE PAGE D'UN PÉTRARQUE.

Quand d'une aube d'amour mon âme se colore,
Quand je sens ma pensée, ô chaste amant de Laure,
Loin du souffle glacé d'un vulgaire moqueur,
Éclore feuille à feuille au plus profond du cœur,
Je prends ton livre saint qu'un feu céleste embrase,
Où si souvent murmure à côté de l'extase

La résignation au sourire fatal ;
Ton beau livre, où l'on voit, comme un flot de cristal
Qui sur un sable d'or coule à sa fantaisie,
Tant d'amour ruisseler sur tant de poésie !
Je viens à ta fontaine, ô maître ! et je relis
Tes vers mystérieux par la grâce amollis ;
Doux trésor ! fleur d'amour, qui, dans les bois recluse,
Laisse après cinq cents ans son odeur à Vaucluse !
Et tandis que je lis, rêvant, presque priant,
Celui qui me verrait me verrait souriant,
Car, loin des bruits du monde et des sombres orgies,
Tes pudiques chansons, tes nobles élégies,
Vierges au doux profil, sœurs au regard d'azur,
Passent devant mes yeux, portant sur leur front pur.
Dans les sonnets sculptés, comme dans des amphores.
Ton beau style, étoilé de fraîches métaphores !

Octobre 1835

XXXV.

Les autres en tout sens laissent aller leur vie,
Leur âme, leur désir, leur instinct, leur envie.
Tout marche en eux, au gré des choses qui viendront,
L'action sans l'idée et le pied sans le front.
Ils suivent au hasard le projet ou le rêve,
Toute porte qui s'ouvre ou tout vent qui s'élève.

Le présent les absorbe en sa brièveté.
Ils ne seront jamais et n'ont jamais été;
Ils sont, et voilà tout. Leur esprit flotte et doute.
Ils vont, le voyageur ne tient pas à la route,
Et tout s'efface en eux à mesure, l'ennui
Par la joie, oui par non, hier par aujourd'hui.
Ils vivent jour à jour et pensée à pensée.
Aucune règle au fond de leurs vœux n'est tracée;
Nul accord ne les tient dans ses proportions.
Quand ils pensent une heure, au gré des passions,
Rien de lointain ne vient de derrière leur vie
Retentir dans l'idée à cette heure suivie;
Et pour leur cœur terni l'amour est sans douleurs,
Le passé sans racine et l'avenir sans fleurs.

Mais vous qui répandez tant de jour sur mon âme,
Vous qui depuis douze ans, tour à tour ange et femme,
Me soutenant là-haut ou m'aidant ici-bas,
M'avez pris sous votre aile ou calmé dans vos bras :

DU CRÉPUSCULE.

Vous qui, mettant toujours le cœur dans la parole,
Rendez visible aux yeux, comme un vivant symbole,
Le calme intérieur par la paix du dehors,
La douceur de l'esprit par la santé du corps,
La bonté par la joie, et comme les dieux même
La suprême vertu par la beauté suprême ;
Vous, mon phare, mon but, mon pôle, mon aimant !
Tandis que nous flottons à tout événement,
Vous savez que toute âme a sa règle auprès d'elle ;
Tout en vous est serein, rayonnant et fidèle,
Vous ne dérangez pas le tout harmonieux,
Et vous êtes ici comme une sphère aux cieux !
Rien ne se heurte en vous ; tout se tient avec grâce ;
Votre âme en souriant à votre esprit s'enlace ;
Votre vie, où les pleurs se mêlent quelquefois,
Secrète comme un nid qui gémit dans les bois,
Comme un flot lent et sourd qui coule sur des mousses,
Est un concert charmant des choses les plus douces.
Bonté, vertu, beauté, frais sourire, œil de feu,
Toute votre nature est un hymne vers Dieu.

Il semble, en vous voyant si parfaite et si belle,
Qu'une pure musique, égale et solennelle,
De tous vos mouvemens se dégage en marchant.
Les autres sont des bruits, vous, vous êtes un chant!

Octobre 18...

XXXVI.

Toi! sois bénie à jamais!
Ève qu'aucun fruit ne tente!
Qui de la vertu contente
Habite les purs sommets!
Ame sans tache et sans rides,
Baignant tes ailes candides,

A l'ombre et bien loin des yeux,
Dans un flot mystérieux,
Moiré de reflets splendides !

Sais-tu ce qu'en te voyant
L'indigent dit quand tu passes?
— « Voici le front plein de grâces
Qui sourit au suppliant !
Notre infortune la touche.
Elle incline à notre couche
Un visage radieux ;
Et les mots mélodieux
Sortent charmants de sa bouche! » —

Sais-tu, les yeux vers le ciel,
Ce que dit la pauvre veuve?
— « Un ange au fiel qui m'abreuve
Est venu mêler son miel.
Comme à l'herbe la rosée,

DU CRÉPUSCULE.

Sur ma misère épuisée,
Ses bienfaits sont descendus.
Nos cœurs se sont entendus,
Elle heureuse, et moi brisée !

J'ai senti que rien d'impur
Dans sa gaîté ne se noie,
Et que son front a la joie
Comme le ciel a l'azur.
Son œil de même a su lire
Que le deuil qui me déchire
N'a que de saintes douleurs.
Comme elle a compris mes pleurs,
Moi, j'ai compris son sourire ! » —

Pour parler des orphelins,
Quand, près du foyer qui tremble,
Dans mes genoux je rassemble
Tes enfans de ton cœur pleins ;

Quand je leur dis l'hiver sombre,
La faim, et les maux sans nombre
Des petits abandonnés,
Et qu'à peine sont-ils nés
Qu'ils s'en vont pieds nus dans l'ombre;

Tandis que, silencieux,
Le groupe écoute et soupire,
Sais-tu ce que semblent dire
Leurs yeux pareils à tes yeux?
— « Vous qui n'avez rien sur terre,
Venez chez nous! pour vous plaire
Nous nous empresserons tous;
Et vous aurez comme nous
Votre part de notre mère! »

Sais-tu ce que dit mon cœur?
— « Elle est indulgente et douce,
Et sa lèvre ne repousse

Aucune amère liqueur.
Mère pareille à sa fille,
Elle luit dans ma famille
Sur mon front que l'ombre atteint.
Le front se ride et s'éteint,
La couronne toujours brille ! » —

Au-dessus des passions,
Au-dessus de la colère,
Ton noble esprit ne sait faire
Que de nobles actions.
Quand jusqu'à nous tu te penches,
C'est ainsi que tu t'épanches
Sur nos cœurs que tu soumets.
D'un cygne il ne peut jamais
Tomber que des plumes blanches !

Octobre 18...

A MADEMOISELLE LOUISE B.

XXXVII.

A MADEMOISELLE LOUISE B.

1.

L'année en s'enfuyant par l'année est suivie.
Encore une qui meurt! Encore un pas du temps!
Encore une limite atteinte dans la vie!
Encore un sombre hiver jeté sur nos printemps!

Le temps! les ans! les jours! mots que la foule ignore!
Mots profonds qu'elle croit à d'autres mots pareils!

Quand l'heure tout à coup lève sa voix sonore,
Combien peu de mortels écoutent ses conseils !

L'homme les use, hélas ! ces fugitives heures,
En folle passion, en folle volupté,
Et croit que Dieu n'a pas fait de choses meilleures
Que les chants, les banquets, le rire et la beauté !

Son temps dans les plaisirs s'en va sans qu'il y pense.
Imprudent ! est-il sûr de demain ? d'aujourd'hui ?
En dépensant ses jours, sait-il ce qu'il dépense ?
Le nombre en est compté par un autre que lui.

A peine lui vient-il une grave pensée
Quand, au sein d'un festin qui satisfait ses vœux,
Ivre, il voit tout à coup de sa tête affaissée
Tomber en même temps les fleurs et les cheveux ;

Quand ses projets hâtifs l'un sur l'autre s'écroulent ;
Quand ses illusions meurent à son côté ;
Quand il sent le niveau de ses jours qui s'écoulent,
Baisser rapidement comme un torrent d'été.

Alors en chancelant il s'écrie, il réclame,
Il dit : Ai-je donc bu toute cette liqueur ?
Plus de vin pour ma soif ! plus d'amour pour mon âme !
Qui donc vide à la fois et ma coupe et mon cœur ?

Mais rien ne lui répond. — Et triste, et le front blême,
De ses débiles mains, de son souffle glacé,
Vainement il remue, en s'y cherchant lui-même,
Ce tas de cendre éteint qu'on nomme le passé !

II.

Ainsi nous allons tous. — Mais vous dont l'âme est forte,
Vous dont le cœur est grand, vous dites : — Que m'importe
    Si le temps fuit toujours,
Et si toujours un souffle emporte quand il passe,
Pêle-mêle à travers la durée et l'espace,
    Les hommes et les jours ! —

Car vous avez le goût de ce qui seul peut vivre ;
Sur Dante et sur Mozart, sur la note et le livre,
    Votre front est courbé.
Car vous avez l'amour des choses immortelles ;
Rien de ce que le temps emporte sur ses ailes
    Des vôtres n'est tombé !

DU CRÉPUSCULE.

Quelquefois, quand l'esprit vous presse et vous réclame,
Une musique en feu s'échappe de votre âme,
   Musique aux chants vainqueurs,
Au souffle pur, plus doux que l'aile des zéphires,
Qui palpite, et qui fait vibrer comme des lyres
   Les fibres de nos cœurs !

Dans ce siècle où l'éclair reluit sur chaque tête,
Où le monde, jeté de tempête en tempête,
   S'écrie avec frayeur,
Vous avez su vous faire, en la nuit qui redouble,
Une sérénité qui traverse sans trouble
   L'orage extérieur !

Soyez toujours ainsi ! l'amour d'une famille ;
Le centre autour duquel tout gravite et tout brille ;
   La sœur qui nous défend ;
Prodigue d'indulgence et de blâme économe ;

Femme au cœur grave et doux ; sérieuse avec l'homme,
   Folâtre avec l'enfant !

Car pour garder toujours la beauté de son âme,
Pour se remplir le cœur, riche ou pauvre, homme ou femme,
   De pensers bienveillans,
Vous avez ce qu'on peut, après Dieu, sur la terre,
Contempler de plus saint et de plus salutaire,
   Un père en cheveux blancs !

   31 décembre 1831.

QUE NOUS AVONS LE DOUTE EN NOUS.

A MADEMOISELLE LOUISE B.

XXXVIII.

QUE NOUS AVONS LE DOUTE EN NOUS.

A MADEMOISELLE LOUISE B.

De nos jours,—plaignez-nous, vous, douce et noble femme!—
L'intérieur de l'homme offre un sombre tableau.
Un serpent est visible en la source de l'eau,
Et l'incrédulité rampe au fond de notre âme.

Vous qui n'avez jamais de sourire moqueur
Pour les accablemens dont une âme est troublée,
Vous qui vivez sereine, attentive et voilée,
Homme par la pensée et femme par le cœur,

Si vous me demandez, vous muse, à moi poète,
D'où vient qu'un rêve obscur semble agiter mes jours,
Que mon front est couvert d'ombres, et que toujours,
Comme un rameau dans l'air, ma vie est inquiète;

Pourquoi je cherche un sens au murmure des vents;
Pourquoi souvent, morose et pensif dès la veille,
Quand l'horizon blanchit à peine, je m'éveille
Même avant les oiseaux, même avant les enfans;

Et pourquoi, quand la brume a déchiré ses voiles,
Comme dans un palais dont je ferais le tour,

DU CRÉPUSCULE.

Je vais dans le vallon, contemplant tour-à-tour
Et le tapis de fleurs et le plafond d'étoiles?

Je vous dirai qu'en moi je porte un ennemi,
Le doute, qui m'emmène errer dans le bois sombre,
Spectre myope et sourd, qui, fait de jour et d'ombre,
Montre et cache à la fois toute chose à demi!

Je vous dirai qu'en moi j'interroge à toute heure
Un instinct qui bégaie, en mes sens prisonnier,
Près du besoin de croire un désir de nier,
Et l'esprit qui ricane auprès du cœur qui pleure!

Aussi vous me voyez souvent parlant tout bas;
Et comme un mendiant, à la bouche affamée,
Qui rêve assis devant une porte fermée,
On dirait que j'attends quelqu'un qui n'ouvre pas.

Le doute! mot funèbre et qu'en lettres de flammes,
Je vois écrit partout, dans l'aube, dans l'éclair,
Dans l'azur de ce ciel, mystérieux et clair,
Transparent pour les yeux, impénétrable aux âmes!

C'est notre mal à nous, enfants des passions
Dont l'esprit n'atteint pas votre calme sublime;
A nous dont le berceau, risqué sur un abîme,
Vogua sur le flot noir des révolutions.

Les superstitions, ces hideuses vipères,
Fourmillent sous nos fronts où tout germe est flétri.
Nous portons dans nos cœurs le cadavre pourri
De la religion qui vivait dans nos pères.

Voilà pourquoi je vais, triste et réfléchissant.
Pourquoi souvent, la nuit, je regarde et j'écoute,

Solitaire, et marchant au hasard sur la route
A l'heure où le passant semble étrange au passant.

Heureux qui peut aimer, et qui dans la nuit noire,
Tout en cherchant la foi, peut rencontrer l'amour !
Il a du moins la lampe en attendant le jour.
Heureux ce cœur ! Aimer, c'est la moitié de croire.

<small>Octobre 1834.</small>

DATE LILIA.

XXXIX.

DATE LILIA.

Oh! si vous rencontrez quelque part sous les cieux
Une femme au front pur, au pas grave, aux doux yeux,
Que suivent quatre enfants dont le dernier chancelle,
Les surveillant bien tous, et, s'il passe auprès d'elle
Quelque aveugle indigent que l'âge appesantit,
Mettant une humble aumône aux mains du plus petit;

Si, quand la diatribe autour d'un nom s'élance,
Vous voyez une femme écouter en silence,
Et douter, puis vous dire : — Attendons pour juger.
Quel est celui de nous qu'on ne pourrait charger?
On est prompt à ternir les choses les plus belles.
La louange est sans pieds et le blâme a des ailes. —
Si, lorsqu'un souvenir, ou peut-être un remords,
Ou le hasard vous mène à la cité des morts,
Vous voyez, au détour d'une secrète allée,
Prier sur un tombeau dont la route est foulée,
Seul avec des enfants, un être gracieux
Qui pleure en souriant comme l'on pleure aux cieux;
Si de ce sein brisé la douleur et l'extase
S'épanchent comme l'eau des fêlures d'un vase;
Si rien d'humain ne reste à cet ange éploré;
Si, terni par le deuil, son œil chaste et sacré,
Bien plus levé là-haut que baissé vers la tombe,
Avec tant de regret sur la terre retombe
Qu'on dirait que son cœur n'a pas encor choisi
Entre sa mère au ciel et ses enfants ici;

Quand, vers Pâque ou Noël, l'église, aux nuits tombantes,
S'emplit de pas confus et de cires flambantes,
Quand la fumée en flots déborde aux encensoirs
Comme la blanche écume aux lèvres des pressoirs,
Quand au milieu des chants d'hommes, d'enfants, de femmes,
Une âme selon Dieu sort de toutes ces âmes,
Si, loin des feux, des voix, des bruits et des splendeurs,
Dans un repli perdu parmi les profondeurs,
Sur quatre jeunes fronts groupés près du mur sombre,
Vous voyez se pencher un regard voilé d'ombre
Où se mêle, plus doux encor que solennel,
Le rayon virginal au rayon maternel ;

Oh ! qui que vous soyez, bénissez-la. C'est elle !
La sœur, visible aux yeux, de mon âme immortelle !
Mon orgueil, mon espoir, mon abri, mon recours !
Toit de mes jeunes ans qu'espèrent mes vieux jours !

C'est elle ! la vertu sur ma tête penchée ;
La figure d'albâtre en ma maison cachée ;
L'arbre qui, sur la route où je marche à pas lourds,
Verse des fruits souvent et de l'ombre toujours ;
La femme dont ma joie est le bonheur suprême ;
Qui, si nous chancelons, ses enfants ou moi-même,
Sans parole sévère et sans regard moqueur,
Les soutient de la main et me soutient du cœur ;
Celle qui, lorsqu'au mal, pensif, je m'abandonne,
Seule peut me punir et seule me pardonne ;
Qui de mes propres torts me console et m'absout ;
A qui j'ai dit : toujours ! et qui m'a dit : partout !
Elle ! tout dans un mot ! c'est dans ma froide brume
Une fleur de beauté que la bonté parfume !
D'une double nature hymen mystérieux !
La fleur est de la terre et le parfum des cieux !

TABLE.

TABLE.

		Pages.
	PRÉFACE.	v
	PRÉLUDE.	IX
I.	DICTÉ APRÈS JUILLET 1830.	1
II.	A LA COLONNE.	21
III.	HYMNE.	41
IV.	NOCES ET FESTINS.	47
V.	NAPOLÉON II.	57
VI.	SUR LE BAL DE L'HÔTEL-DE-VILLE.	75
VII.	O Dieu ! si vous avez la France sous vos ailes.	81
VIII.	A CANARIS.	85
IX.	Seule au pied de la tour.	93
X.	A L'HOMME QUI A LIVRÉ UNE FEMME.	97
XI.	A M. LE D. D'O.	105
XII.	A CANARIS.	111
XIII.	Il n'avait pas vingt ans.	121

TABLE.

		Pages.
XIV.	Oh ! n'insultez jamais.	135
XV.	CONSEIL.	137
XVI.	Le grand homme vaincu.	151
XVII.	A ALPHONSE RABBE.	155
XVIII.	ENVOI DES FEUILLES D'AUTOMNE A MADAME ***.	165
XIX.	Anacréon, poète.	169
XX.	L'aurore s'allume.	173
XXI.	Hier la nuit d'été.	185
XXII.	NOUVELLE CHANSON SUR UN VIEIL AIR.	191
XXIII.	AUTRE CHANSON.	195
XXIV.	Oh ! pour remplir de moi.	201
XXV.	Puisque j'ai mis ma lèvre.	205
XXVI.	A MADEMOISELLE J.	209
XXVII.	La pauvre fleur.	221
XXVIII.	AU BORD DE LA MER.	229
XXIX.	Puisque nos heures sont remplies.	239
XXX.	ESPOIR EN DIEU.	245
XXXI.	Puisque mai tout en fleurs.	249
XXXII.	A LOUIS B.	253
XXXIII.	DANS L'ÉGLISE DE ***.	271
XXXIV.	ÉCRIT SUR LA PREMIÈRE PAGE D'UN PÉTRARQUE.	291
XXXV.	Les autres en tous sens.	295
XXXVI.	Toi ! sois bénie à jamais.	301
XXXVII.	A MADEMOISELLE LOUISE B.	307
XXXVIII.	QUE NOUS AVONS LE DOUTE EN NOUS. — A MADEMOISELLE LOUISE B.	317
XXXIX.	DATE LILIA.	325

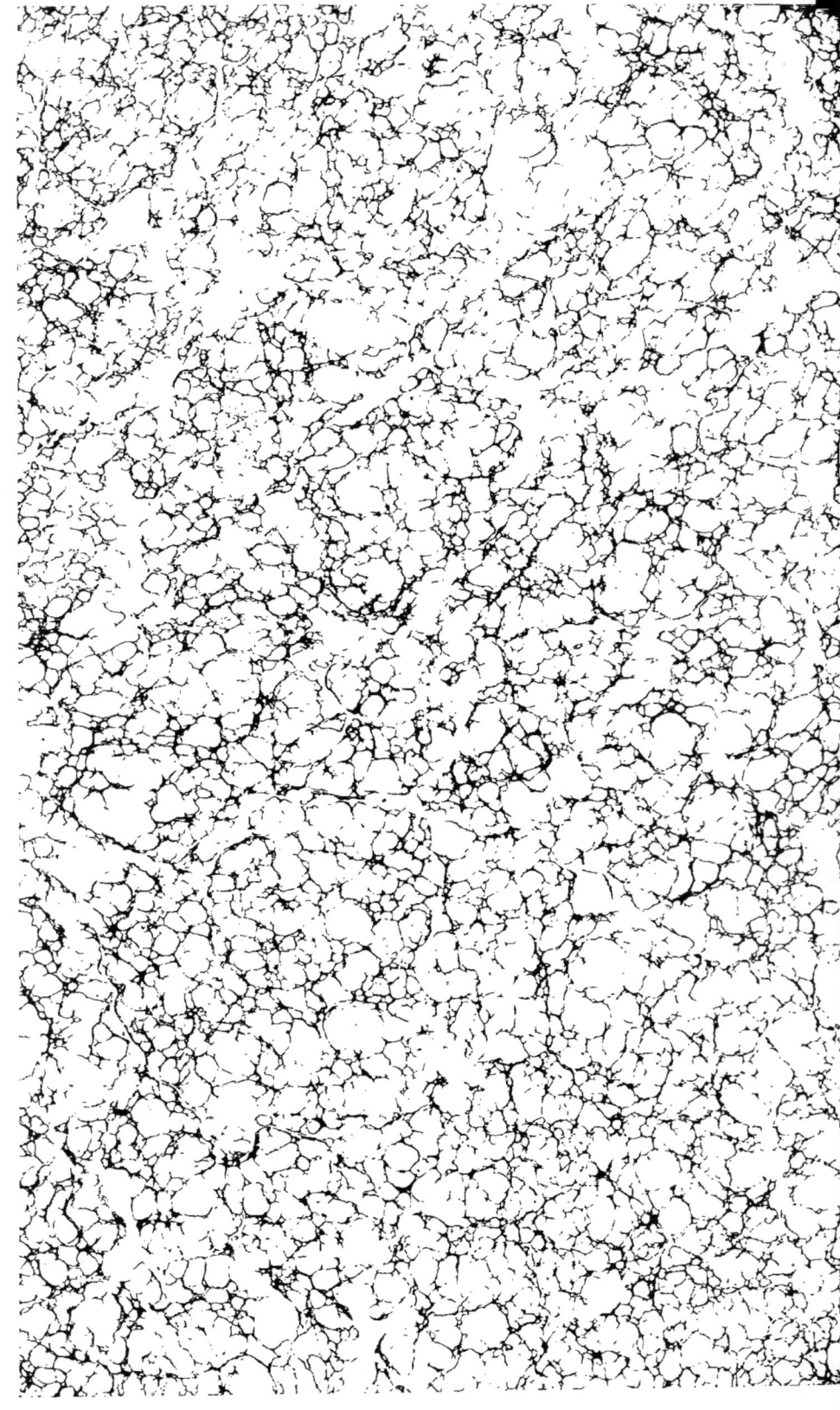

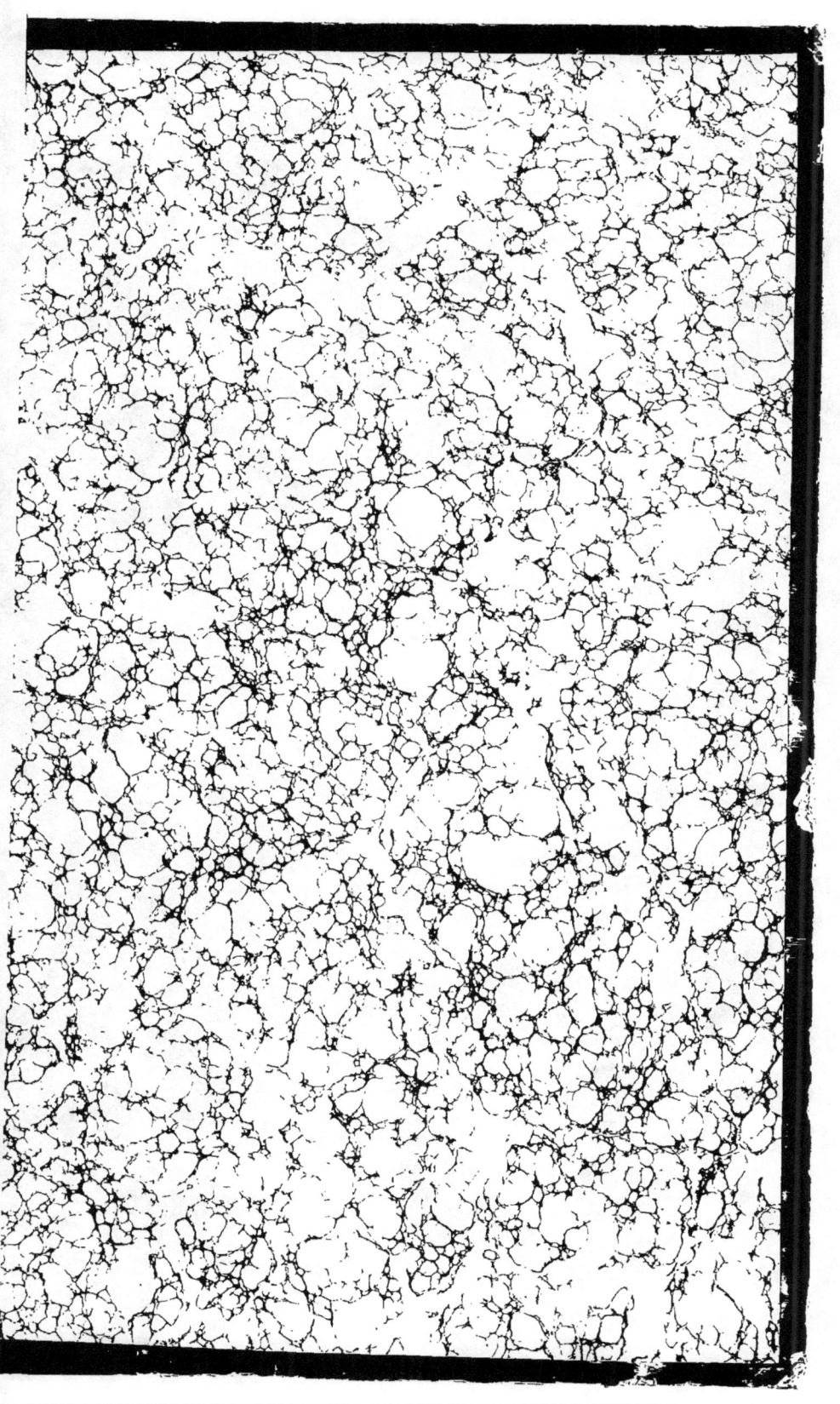

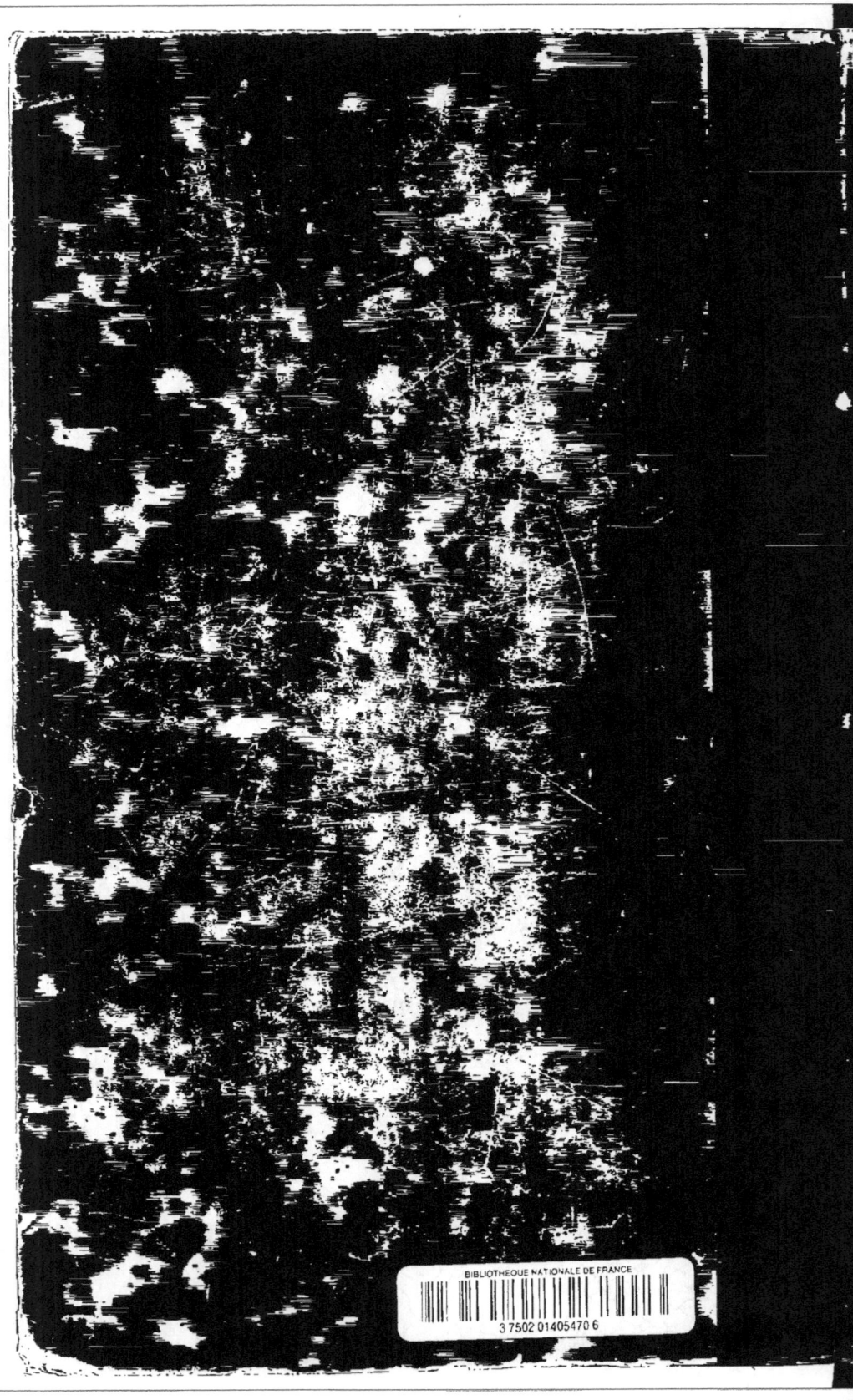

www.ingramcontent.com/pod-product-compliance
Lightning Source LLC
Chambersburg PA
CBHW070854170426
43202CB00012B/2062